Auntie Roachy Seh

Auntie Roachy Seh

Louise Bennett

Edited by
Mervyn Morris

Kingston

First Published 1993 in Jamaica by
Sangster's Book Stores Ltd.
101 Water Lane
Kingston
www.sangstersbooks.com

© Sangster's Book Stores Ltd. 2003

Reprinted: 2003

A catalogue record of this book is available from the
National Library of Jamaica

ISBN 976-8005-07-6

Cover design by Pierre Lemaire
Production and design by Prodesign Ltd.
Typesetting by Electronic Easel Ltd.
Printed in the United States of America

Contents

Introduction ⋀⋀⋀⋀⋀

Between 1965 and 1982 Louise Bennett wrote and delivered in Jamaica *Miss Lou's Views*, a series of radio monologues, sometimes three a week. The 50 included here give, we believe, a fair indication of the range.

Miss Lou has chosen to work not in our official language (English), the norm for commentators in Jamaica, but in the language most Jamaicans speak. She has often, as in the piece placed first in this book, explicitly defended the dignity and autonomy of that language, Jamaican Creole; and she notes connections with English and with African languages. "But we African ancestors-dem . . . disguise up de English Language fi projec fi-dem African Language . . . So till now, aldoah plenty a we Jamaica Dialec wuds-dem come from English wuds, yet . . . de talkin is so-so Jamaican, an when we ready we can meck it soun like it no got no English at all eena it!"

As Emilie Adams reminds us in *Understanding Jamaican Patois*[1] there are various approaches to the representation of Creole in print. In an approach the linguistics professionals tend to favour, you ignore "Standard English" spelling and try to represent the sounds of the Creole in a consistent system of notation such as the one devised by Frederic Cassidy.[2] But the general reader, faced with the unfamiliar, may be put off by the initial appearance of difficulty. Anxious not to be rejected unread, most of our writers have chosen compromise. "The most common (if inconsistent) approach is to write the vernacular for the eye accustomed to standard English, but with various alterations signalling creole."[3]

Here in *Aunty Roachy Seh*, as in Louise Bennett's *Selected Poems*,[4] the spelling assumes that anyone familiar with Jamaican Creole will hear the sounds of Creole even when the spelling looks like Standard. Where the word in Creole corresponds to one in Standard English the spelling suggests the relation (thus "frien" rather than "fren", "whedder" and "weader" for "whether" and "weather"); but in instances where that procedure might create at least momentary confusion (if "through" were to become "trough", for example) other choices have been made. We expect Creole speakers in reading aloud to make various adjustments instinctively: "through" for example, will usually be spoken as "true", and many an **o** will move towards *a:* as for "modder", "bodderation", "hot".

Our main concern has been to present the pieces in a form which makes them easy to sight-read. Paragraphing and punctuation have also been directed to that end. Each broadcast typescript — typically a single block of words — has been conventionally punctuated for this book, and organized into paragraphs which clarify the structure.

Because of Louise Bennett's verbal skills and the sharpness of her insights, these radio monologues are interesting to read. There is perhaps greater pleasure, however, for the reader who can recall a Louise Bennett performance. Her physical/vocal presence, the magnetic force of her personality, her professional control, the subtle variations of voice and timing, enhance the impact of the material. She can be seen at work in a 1991 video, *Miss Lou and Friends.*[5] She can be heard on various LPs and cassettes, including *Yes M'Dear: Miss Lou Live* and *Miss Lou's Views.*[6]

She reminds us of the oral context by beginning each monologue *"Listen, no!"* and signing off with *"Ay ya yie!"*, a more or less untranslatable expression of pleasure. The sounds she writes as "Mmmm" — like those which appear as *Ay ya yie!* — are far more various than the printed form suggests. They are important elements of her performance, the specific effect depending on timing, pitch, inflexion, volume. The sounds may be attached to the words before or after them, or may be given their very own space in time. To listen is to confirm that Louise Bennett is not only talented but also highly trained.[7]

She pursues variety, in text and in performance. She sometimes includes a jingle (as in "Breas-Feedin" or "Work Time") or a Louise Bennett poem or part of one (as in "Independence Day", "Social Climbin" or "Telephone"). Sometimes she sings (as in "Free Schoolin" or "Rent Control"). The jingle at the end of "Pork Parts Deport" is a parody of "Little Bo Peep."

 ix

She draws on the familiar. The song at the end of "Tom Cringle's Cotton Tree", for example, is a witty transformation of "Back to back, belly to belly, Is the jumbie jamboree!" — underscoring the monologue's account of duppy activity. The song in "Rent Control" serves a similar function. A remark in "Jumpin Prices" echoes the well-known words of "Chi-Chi Bud": "So-so bawlin an hollerin a gwaan — we is a real chi-chi bud nation!" Stories recycled include a joke such as the one at the end of "Show Off Speech" which used to be told about a politician, and a true story (widely circulated) of a black journalist, here disguised as Show-dung, who swam in the Myrtle Bank pool before such a thing was acceptable. The form of the comment "Is Aunty Roachy cousin meck it!" — echoing "Is Anancy meck it!" — neatly places Show-dung as a version of the spiderman trickster Anancy, the folk hero who so often defeats the powerful.[8]

Almost invariably, she quotes at least a proverb or two. Because the proverbs remind us of experience accumulated by Jamaican people and of our reflections on that experience, they often deepen and enlarge the context of the topical commentary; and she has chosen to give them special prominence by listing at the end of each monologue the proverbs used in it. Versions of some of the proverbs, but by no means all, can be found in some of the substantial collections in print.[9]

What she assumes we know is not restricted

to Jamaican folk culture. She knows we have heard of "Shakespeare, Hitler an all dem foreign smaddy-deh." In "Police" she alludes to Gilbert and Sullivan ("When constabulary duty's to be done, / A policeman's lot is not a happy one"); in "Cross Roads Traffic" to Tennyson's "The Charge of the Light Brigade."

Many of the monologues begin with specific reference to something in the news. Sometimes the news is her subject, sometimes it is only a trigger. She was expected to be topical. But, especially years after the event, our interest is sustained by other elements. We are drawn to the work by its intimate Jamaican authority, the vitality of its language and the particular values it promotes. In *Aunty Roachy Seh*, more explicitly than in her poems, Louise Bennett is a committed moral teacher, determined to instruct us through delight.

As in the rest of her work, *she teck bad sinting meck laugh.*[10] Many of these pieces first went out in difficult times, when the cost of living soared, violent crime increased, and cynicism spread. Yet humour pervades the collection. Though Miss Lou and her Aunty Roachy do sometimes vigorously assault the wickedness, their tone is not often as harsh as in "Bogus Shortages" or "Jamaica Hazards". Most often they invite us to smile at what seems wrong and to approve the better way implied. They ridicule "unfairity", inefficiency, pretension, self-contempt and selfishness. The positives they recommend include: civic responsibility, neighbourliness, the dignity of labour, respect for others across divisions of race, class, gender, geography; concern about child-rearing and education; and serious recognition of Jamaican culture.

Notes

1 L. Emilie Adams, *Understanding Jamaican Patois: An Introduction to Afro-Jamaican Grammar* (Kingston: Kingston Publishers, 1991), pp. 6-8.

2 "Wans apan a taim, Breda Anansi, oed dat King av a Son. Fram di die in baan im didn waak." Frederic G.Cassidy, *Jamaica Talk* (London: Institute of Jamaica and Macmillan, 1971) p.434. See also F. G. Cassidy and R. B. LePage eds., *Dictionary of Jamaican English* (London: Cambridge University Press, 1967); and Frederic G. Cassidy, "A Revised Phonemic Orthography for Anglophone Caribbean Creoles", in *Proceedings of the Conference of the Society for Caribbean Linguistics* (Cave Hill, Barbados: University of the West Indies, 1978).

3 Mervyn Morris, "Printing the Performance", *Jamaica Journal Vol. 23, No. 1,* February-April 1990, p. 22.

4 Kingston: Sangster's Book Stores, 1982.

5 *Miss Lou & Friends* (Kingston: International Theatre Institute, Jamaica), video taped March 27, 1990. (Distributed by Reckord Films Limited, 4 Coolshade Drive, Kingston 19, Jamaica.)

6 *Listen to Louise* (Kingston: Federal 212, n.d.) and *Carifesta Ring-ding* (Kingston: Record Specialists, n.d.) are now difficult to find. More readily available are: *Yes M'Dear: Miss Lou Live* (Imani Music, P.O.Box 857, Kingston 8, Jamaica) and *Miss Lou's Views* (Syncona LBC 001, P.O.Box 865, Adelaide St. Stn., Toronto, Ontario, Canada M5C 2K1).

7 On a British Council scholarship (1945-47), Louise Bennett studied in London at the Royal Academy of Dramatic Art. For a brief biography of Louise Bennett see her *Selected Poems* (Kingston: Sangster's Book Stores, 1982), pp. iii-ix, or *Fifty Caribbean Writers*, ed. Daryl Cumber Dance (New York: Greenwood Press, 1986), pp.35-37.

8 "[E]very existing custom is said to have been started by Anancy." Louise Bennett, *Anancy and Miss Lou* (Kingston: Sangster's Book Stores, 1979), p. xi. She performs some of the stories on an audio-cassette: Louise Bennett, *Bre' Anancy & Miss Lou*, (Syncona SLBC002, P.O.Box 865, Adelaide St. E. Stn., Toronto, Ontario, Canada M5C 2K1).

9 Martha Warren Beckwith, *Jamaica Proverbs* (New York: Negro Universities Press, 1970; reprint of the 1925 edition published in New York). Izett Anderson and Frank Cundall eds., *Jamaica Proverbs* (Shannon: Irish University Press and Institute of Jamaica, 1972; reprint of the 1927 edition published in London). G. Llewellyn Watson, *Jamaican Sayings* (Tallahassee: Florida A & M University Press, 1991). Vivien Morris-Brown, *The Jamaica Handbook of Proverbs* (Mandeville: Island Heart Publishers, 1993). Louise Bennett has an unpublished collection of more than 700 proverbs.

10 See Rex Nettleford's Introduction to *Jamaica Labrish* (Kingston: Sangster's Book Stores, 1966), particularly p. 15.

1 ∧∧∧∧∧∧∧∧∧∧∧∧∧

Jamaica Language

Jamaica Dialect [Jamaican Creole] developed out of the contact between African languages and English. It is not a "corruption" of any other language, and "de talkin is so-so Jamaican."

Listen, no!

My Aunty Roachy seh dat it bwile her temper an really bex her fi true anytime she hear anybody a style we Jamaican dialec as "corruption of the English language." For if dat be de case, den dem shoulda call English Language corruption of Norman French an Latin an all dem tarra language what dem seh dat English is derived from.

Oonoo hear de wud? "Derived." English is a derivation but Jamaica Dialec is corruption! What a unfairity!

Aunty Roachy seh dat if Jamaican Dialec is corruption of de English Language, den it is also a corruption of de African Twi Language to, a oh!

For Jamaican Dialec did start when we English forefahders did start mus-an-boun we African ancestors fi stop talk fi-dem African Language altogedder an learn fi talk so-so English, because we English forefahders couldn understan what we African ancestors-dem wasa seh to dem one anodder when dem wasa talk eena dem African Language to dem one annodder!

But we African ancestors-dem pop we English forefahders-dem. Yes! Pop dem an disguise up de English Language fi projec fi-dem African Language in such a way dat we English forefahders-dem still couldn understan what we African ancestors-dem wasa talk bout when dem wasa talk to dem one annodder!

Yes, bwoy!

So till now, aldoah plenty a we Jamaica Dialec wuds-dem come from English wuds, yet, still an for all, de talkin is so-so Jamaican, an when we ready we can meck it soun like it no got no English at all eena it! An no so-so English-talkin smaddy cyaan understan weh we a seh if we doan want dem to understan weh we a seh, a oh!

An we fix up we dialec wud fi soun like whatsoever we a talk bout, look like! For instance, when we seh sinting "kooroo-kooroo" up, yuh know seh dat it mark-up mark-up. An if we seh one house "rookoo-rookoo" up, it is plain to see dat it ole an shaky-shaky. An when we seh smaddy "boogoo–yagga", everybody know seh dat him outa-order; an if we seh dem "boonoonoonoos", yuh know seh dat dem nice an we like dem. Mmmm.

Aunty Roachy seh dat Jamaica Dialec is more direc an to de point dan English. For all like how English smaddy would seh "Go away", Jamaican jus seh "Gweh!." An de only time we use more wuds dan English is when we want fi meck someting soun strong:like when dem seh sinting "batter-batter" up, it soun more expressive dan if yuh seh "it is battered." But most of all we fling weh all de bangarang an trimmins-dem an only lef what wantin, an dat's why when English smaddy seh "I got stuck by a prickle" Jamaican jus seh "Macca jook me"!

So fi-we Jamaica Language is not no English Language corruption at all, a oh! An we no haffi shame a it, like one gal who did go a Englan go represent we Jamaican folk- song "One shif me got" as "De sole underwear garment I possess", and go sing "Mumma, Mumma, dem ketch Puppa" as "Mother, Mother, they apprehended Father"!

Ay ya yie!

3

2 〰〰〰〰〰〰〰〰〰〰〰〰〰〰

Show Off Speech

Pretentiousness can lead to linguistic confusion.

Listen, no!

We got one Jamaican proverb what seh "When goat laugh, yuh fine out seh him no got no teet eena him head", an dat proverbs is bout dem sort a people who like expose dem ignorance. Mmmm.

All like dem smaddy who no tink seh dem a talk proper if dem no screw up dem mout-lip an hickry up dem voice an gwaan like buggy widouten top. Mmmm.

Like one gal weh dem call Haul-up, who see one fire brigade truck stop outa my Aunty Roachy yard gate de odder day, an run eena de yard so seh, "Oh, Miss Roachy, which part de faah?"

Aunty Roachy jus stare pon her an seh, "I doan know which part de faah, but de fire a bun up a de hill."

Hear de foo-fool gal, "Oh, when ah see de faah-brigade ah did tink it was dis yard de faah was."

From ah bawn! Gal a call fire "faah"!

Come een like one long time joke we always hear bout three sisters who one did get married, one get a new pair a shoes an one get a pair a long-drops earring, an de three a dem go a one party an did want fi show off pon de stranger people-dem a de party.

So de married sister she cock out her ring finger an gi out, "Seester! Seester, see one cocky-roachy pon de wall dey!"

Hear de one wid de new boot, "Weh him deh? Weh him deh? Show me make I moosh him." An she fling out her new boot foot same time.

Den de one wid de long-drops earring shake her head stocious an seh, "No, no, no, he will bites you."

Ole idiot-dem a play big-no-door, an coco head no deh a barrel.

Come een jus like one gal who did lef from town go a country go look fi her fambly-dem, an decide fi speaky-spokey an show off pon de country people-dem, so when dem ask her when she goin back to town de foo-fool gal gi out, "I'm not going backing."

Now if she did seh "Me naw go back" she woulda be talkin good Jamaica language, but "I am not going backing" is boogooyagga English, a oh!

Den when smaddy ask de same gal how her lickle bredda over town goin on, she gi out, "Oh, him is walking, talking and standing-upping."

If she did seh "Him deh pon a walk an talk an stan up to", dat would be good bawn-yah language, but "him is walking, talking and standing-upping" is a chaka-chaka corruption of both English an Jamaica mix up.

Cho! Jus a show off herself like when standin collar a stan up to a hungry belly!

Come een like Suzy Wescut braggadosha bredda Bulla, who tun truck driver an always a

5

boas bout how nobody cyaan drive truck good like how him can drive truck, an omuch wagga-wagga money him meck outa drivin. Mmmm.

De odder day him walk boasify eena one big time doctor office an tell de doctor seh him want him fi soun him good an prove seh him healty.

So de doctor ask him wha work him do.

Hear him: "I drives trucks."

Same time him pop out him cigarette outa him pocket an push it under de doctor nose an gi out, "Are you smoked?"

De doctor jus shake him head, put him trumpet gains Bulla ches an tell him fi blow.

Hear Bulla: "Paw, paw. Pee, peep. Poo, poo. Paw, paw, paw, paw!"

Ay ya yie!

Proverbs

☆ When goat laugh, everybody fine out seh him no got no teet.

☆ A play big-no-door, an coco head no deh a barrel.

3 ∿∿∿∿∿∿∿∿∿∿

Jamaica Philosophy

On the serious significance of Jamaican proverbs.

Listen, no!

My Aunty Roachy seh dat Jamaica people have a whole heap a culture and tradition and birthright dat han dung to dem from generation to generation.

All like de great philosophy of we Jamaican proverbs-dem. Mmm.

Well sah, as she coulda seh de wud "philosophy" so, one facety gal dem call Muches gi out seh, "A so-so foolinish Miss Roachy she dah chat. How yuh coulda put a deestant wud like 'philosophy' wid de ole jamma bad talkin proverbs-dem?"

See yah! Aunty Roachy never meck fun fi leggo tongue pon Muches!

She seh, "'When goat laugh, everybody fine out seh him no got no teet!' Dat mean, some people shoulda keep silent to hide dem ignorance."

An Aunty Roachy open her dictionary a de wud "philosophy" an seh to Muches, "No strain yuh jaw bone pon de wud 'philosophy' when yuh no know weh it mean. Dictionary seh dat 'philosophy' mean 'the general principles governing thoughts and conducts', 'a study of human morals and character'. Mmm. Is dat 'philosophy' mean, Muches.

"An if yuh follow de philosophy a we Jamaica proverbs, yuh woulda know seh dat 'When yuh go a jackass yard, yuh nuffi chat bout big aise', don't offend people when you are in their domain. Mmm. So yuh shouldn come a me yard come call me foo-fool."

Well sah, Muches shet up her mout, *pam*.

An Aunty Roachy look pon her an seh, "'When head part stunted, kibba mout.' Kibba yuh mout, Muches, 'Lickle bit a brains can gi big mout trouble', 'If yuh no know bout, no chat bout', 'No put yuhself eena barrel when matches box can hole yuh'. Dat mean, don't pretend to be greater than you are. 'Farden pocket an poun a ches', same meaning. 'No care how boar hog try fi hide under sheep wool, him grunt always betray him' — crime will out. 'Cratch an rub cyaan cure cocobeh', 'Starbin man seh cane no hab jint', 'Teck weh yuh can get so get weh yuh want', 'Tomuch callaloo can meck pepper pot soup tase bitter', 'Faitful dog laugh after bad name', 'Before me tumble dung, me hole macca'. Dat mean, choose the lesser of two evils.

"Yes, Muches, dem-deh is we ole time Jamaican proverbs, an dem got principles governin thoughts and conducts, an morals an character, like what dictionary seh. So doan cry dem dung, for 'What is fi-yuh cyaan be un-fi-yuh'."

Ay ya yie!

Proverbs

☆ When goat laugh, everybody fine out seh him no got no teet.

☆ When yuh go a jackass yard, yuh nuffi chat bout big aise.

☆ When head part stunted, kibba mout.

☆ Lickle bit a brains can gi big mout trouble.

☆ Weh yuh no know bout, no chat bout.

☆ Yuh nuffi put yuhself eena barrel when matches box can hole yuh.

☆ Farden pocket an poun a ches.

☆ No care how boar hog try fi hide under sheep wool, him grunt always betray him.

☆ Cratch an rub cyaan cure cocobeh.

☆ Tomuch callaloo meck pepper-pot soup tase bitter.

☆ Faitful dog laugh after bad name.

☆ Before me tumble dung me hole macca.

☆ What is fi-yuh cyaan be un-fi-yuh.

4 ∿∿∿∿∿∿∿∿∿∿∿
Schools' Challenge

Jamaican education should take account of Jamaican culture. Whatever else they are taught, "Jamaica pickney haffi start learn bout dem Jamaica heritage." Broadcast October 1976.

Listen, na!

Ah wonder if oonoo notice how Jamaica proverbs a get popular nowadays. Yes, missis. Whole heap a big edicated smaddy deh pon a quote Jamaican proverbs when dem a meck big speech an a write letters to newspaper editor an all dem important sinting-deh.

My Aunty Roachy seh dat yuh coulda lick her dung wid a feader de way she frighten when she hear one big time examiner gentleman pon de School Challenge programme pon TV, a ask de big brains school pickney-dem what is de meanin of the Jamaican proverb "Play wid puppy, puppy lick yuh mout." An Aunty Roachy holler, "When yuh frien up frien up wid certain smaddy, dem teck liberty wid yuh, an if yuh gi certain smaddy a gill a parch corn dem ready fi teck a bushel!"

But one a de pickney-dem answer quick an brisk wid a English proverbs seh "Familarity breeds contempt." An Aunty Roachy heart leap fi joy again when she hear de examiner ask de meanin a "Rockstone a ribber bottom neber feel sun-hot" an one a de pickney come up wid de right answer eena English seh "Those in favourable circumstances don't understand the feelings of the needy." Aunty Roachy seh dat wi pass, "Lib-well smaddy no know how hard time tan!."

But lawks! Aunty Roachy shivel up wid shame when de examiner gentleman ask who wrote the book *New Day*, an nobody couldn answer him. De Jamaica pickney-dem never know bout dem own Jamaican book what dem own Jamaican man write. Mmmm. De examiner gentleman haffi tell dem seh a Vic Reid write *New Day*. Lawks, what a scalamity! Dem know wha English writer write an wha German composer compose, but dem no know bout fi-dem own native sinting!

An Aunty Roachy holler, "Dem haffi know, we haffi learn dem! Jamaica pickney of all rank an pedigree haffi start learn bout Vic Reid an Claude McKay an Clare McFarlane an Roger Mais, an dinky an ring ding an kumina an all we Jamaica proverbs an riddle-dem, an all dem Jamaica heritage, same like how dem know bout de works of Shakespeare an Hitler an all dem foreign smaddy-deh, a oh!

An pon dat point Aunty Roachy seh she hooda like fi advise de Question Master-dem fi talk de Jamaica proverb-dem an such delikes jamma sinting eena Jamaica language wid Jamaica accent, a oh! For a it meck when one stocious examiner ask some student pon TV "What is the Jamaica National Flower?" one bright student jus holler "Counter flour!" For eena Jamaica language, flowers grow eena garden an flour sell eena shop, yuh see, so when smaddy mean fi seh "If yuh no got horn, yuh fi kip outa bull fight" dem nuffi seh "If you don't have horn, keep out of bull fight." For dat soun like when Aunty Roachy did tell Prissy Palmer fi sing de Jamaican song "One shif me got, ratta cut i" an Prissy Palmer screw up her mout an gi out, "The sole undergarment I possess, a rodent destroyed it!"

Ay ya yie!

Proverbs
☆ Play wid puppy, puppy lick yuh mout.
☆ Rock-stone a ribber bottom never feel sun-hot.
☆ Lib-well smaddy no know hard time.
☆ If yuh no hab horn, yuh fi keep outa bull fight.

5 /\/\/\/\/\/\/\/\/\/\/\/\/\/\/\/\

Hero Nanny

*A lesson in oral history, broadcast October 1975,
shortly after Nanny — an eighteenth century leader of
the Maroons — was declared a Jamaican National
Hero.*

Listen, no!

We have one Jamaican proverb what seh "If
breeze no blow, yuh no know seh dat fowl got skin."
An lawks, missis, from Autority go announce
Nanny as National Hero, a dat time yuh get fi fine
out omuch Jamaica smaddy still shame a dem
slavery heritage! Mmmm.

De gal Muches, she gi out, "Cho! Wha meck
dem haffi go dig out dat-deh ole slave duppy fi
tun National Hero?"

Aunty Roachy eye-dem glisten wid bexation,
an she wheel roun pon Muches an holler, "Not
duppy Hero, a Warrior Oman! Siddung, Muches,
meck me tell yuh bout her.

"Grandy Nanny couldn stomach slavery.
Mmm. She use to hate de very soun a de wud
'slave', an she teck a oath an vow fi use Nanny
Town which part she live as a refuge an backative
fi all runaway slave who coulda fine dem way dere,
mmm.

"But it wasn easy fi fine yuh way dere. So
Nanny use to sen her warrior bredda-dem by night
fi rescue de slave- dem from de plantation-dem.
Yes, tief weh de slave from de plantations by night,

13

give dem safe passage pass Nanny pos into Nanny Town.

"Yuh can jus guess how de slave owner-dem did vex bout dat! Yes, Puppa! Yuh know omuch time dem sen soldiers an militia fi attack Nanny Town an Nanny pop dem? Mmmm.

"Nanny woulda meck her people-dem dress up demself eena leaf an disguise up demself like tree an bush an hide demself backa rock an stump.

"An meanwhile de attackin soldier-dem a march up a hill, dem would see de whole hillside a rush dung pon dem, tree an bush a gallop dung lacka horse pon dem!

"Yuh can guess how de soldier-dem frighten so till dem all dash weh dem ammunition an pick up dem foot eena dem han an run like dem pepper dem. History book seh 'The soldiers were baffled and retreated in alarm.' Lawks, what a joke!"

Muches holler, "Nanny pop dem! Gwaan talk, Miss Roachy. Gwaan talk."

Aunty Roachy seh, "Grandy Nanny couldn talk much English, but she coulda meck drum talk an she coulda meck horn talk. She always wear her abeng horn tie pon a string roun her wais, an she woulda stan up a de head a de precipice up a Nanny Town an fling back her head an lif up her horn an blow any message she want to her Maroon people- dem.

"All like de day when she feel de danger dat we way into Nanny Town was not secret no longer an de soldier-dem was marchin in, she soun de abeng message to her followers an tell dem fi pull foot cross de hills, keep to de mountains, put plenty mountains between dem an dis mountain, an fine a new hidin place, an den she start fi set fire to de town an soun de abeng again, an seh, 'Stay free! Stay free!'"

Well, same time as Aunty Roachy stop fi ketch breath, one bwoy name Cubbitch come een an gi out, "What a gwaan? What a gwaan?"

De gal Muches seh, "Miss Roachy a tell we bout Nanny."

Hear de outa-order bwoy, "Nanny warra? Nanny goat?" An him start holler, "Baaa! Baaa!"

Aunty Roachy wheel roun pon him an seh, "Not Nanny goat, Cubbitch. Not goat. Woman! A strong fearless Jamaican warrior oman dat wouldn buckle under slavery. Your ancestor, Cubbitch, dat yuh shoulda proud a an stop holler 'baaa, baaa' an holler 'tallawah'!"

Cubbitch seh, "Pop story gimme, Miss Roachy."

Aunty Roachy seh, "My granmodder tell me seh dat fi-her granmodder tell her seh dat Nanny Town Nanny and Champong Nanny an Moore Tung Nanny was de selfsame Nanny. Mmmm.

"An when history book seh dat Cudjoe was de mose darin Maroon leader of de time, everybody did know seh dat it was him sister Nanny who wasa gi de orders fi swoop dung pon de plantation-dem a night time an set fire to de cane piece-dem an leggo de slaves-dem an bring dem fi strengten de Maroon forces-dem, a oh!

"But Nanny wouldn have no part or lot wid Peace Treaty signin. An when Cudjoe was determine fi sign Peace Treaty, Compong Nanny teck weh herself from Compong Town an go back to Portlan. For Nanny seh as long as dere was even one slave pon plantation no black smaddy was free."

Hear Cubbitch: "A so, Aunty Roachy?"

Aunty Roachy seh, "A so! But black people never got nobody fi write dung fi-dem hero deservin deeds eena book, so from generation to generation dem write it dung eena dem rememberance. An my granmodder tell me seh fi-her granmodder tell her seh dat a fi-her granmodder did tell her seh a so!"

Ay, ya, yie!

6

Independence Day

Aunty Roachy hopes we remember not only what we celebrate but also why.

Listen, no!

Today is de las a de ring-ding, me dear. Today is Independence Day. Mmmm.

De firs Monday in Augus mont every year is Jamaica Independence Day. An my Aunty Roachy seh dat Independence is one mont celebration. For we got Festival top a Independence, an de whole mont a July was full up a Festival competition and exhibition an demonstration, an tonight we gwine got Festival Queen crownin up a Stadium an street dancin outa street.

An Tata One-stump him got pain a jint an him know seh him cyaan kip up wid de wheel an tun nowadays. So when we ask him if him a go a street dance tenight, hear Tata: "Cho! Jamaica people no custom to jump up an carouse outa street, yaw. Dat a Trinidad leggoration dem a bring eena Jamaica sportination."

So Aunty Roachy jus meck Tata One-stump know seh dat Jamaica is a place dat use to have plenty masqueradin an dancin pon de street eena long olden days, from all two hundred years before now.

Street performance was a regular ting eena

Jamaica, an de Jonkunnu is de remnant of all dem ole time revelry-deh. But as time goes by, Jamaica people deestant up demself an teck dem performance offa street an carry dem go eena theatre, an tun dem eena tings like pantomime an such delikes theatre show.

So a no Independence bring street dancin come a Jamaica, a oh!

An tenight mento ban an reggae ban an all kine a sweet music a go play fi street dancin outa street till all hours. Yes, massa, a so we do tings big a Jamaica.

But my Aunty Roachy seh dat when we celebrate she hope dat everybody wi member *what* we a celebrate an *what meck* we a celebrate, a oh, an meantime we a jump an kick an holler "Independence" we member seh dat "Independence" is not jus a wud fi hackle up we troat-hole an harass up we voice pon, a oh!

Independence is a deestant honourable sinting what plenty deestant an honourable smaddy did work hard an sweat an bun fi get fi we. Independence is responsibility fi we all, de great an de small, de inbetween an de boogooyagga, a oh!

An if we no member all dem tings roun Festival time, den we gwine teck de Independence outa Festival, an one a dese days Festival time gwine ketch we wid nuff-nuff unresponsible tribulations, a oh!

An den under dem-deh conditions Festival

woulda haffi teck itself outa Independence to, an we wouldn got nutten fi celebrate! What a preckeh!

Lawks, Aunty Roachy seh dat she only hope dat Jamaica woulda never come to dat bodderation dat we cyaan even enjoy a lickle jollification.

So Aunty Roachy seh meck we holler "Inde-pendence" in words an in deeds, an member seh:

Dawg wag him tail fi suit him size
An match him stamina –
Jamaica people want a
Independence formula!

No easy-come-by freeness tings,
Nuff labour, some privation,
Not much of dis an less of dat
An plenty studiration.

Ay ya yie!

7 〰〰〰〰〰〰〰〰〰

Dear Princess

In December 1973 Princess Anne and Captain Mark Phillips spent part of their honeymoon in Jamaica.

Listen, no!

Yuh did know seh dat we had royal visitor dis week? Yes, me dear.

Princess Anne, de only one, so-so, deggeh daughter of de Queen of Englan, come a Jamaica wid her new bran husban Captain Mark Phillips, mmmmm, an nuff smaddy deh pon a seh dat a counta Princess visit wha meck Autority deh pon a nylon up so much a we road-dem, mmmmm. "When visitor come a we fireside, we meck we pot smell sweet."

But be dat as it may, my Aunty Roachy seh we fi jus seh "Praises be" an galang enjoy de nylon road improvement-dem, for de royal visit prove to her dat we well beknowns Jamaica proverb what seh "Come see me an come live wid me a two different sinting" is a true wud!

Mmmmm. For when yuh see de Princess pon TV, yuh woulda never know seh dat is such a lively young chile. Yes, me dear! Lively, yuh see?

Yuh waan hear Princess a sing "Come meck me hole yuh han" when me sing! An me see to it dat she never seh "let me hold your hand" like some doodoofetic Jamaica people. She seh "meck me hole yuh han", an she look pon Captain Phillip an laugh an seh "meck me hole yuh han" again.

An when me seh to her, "Yuh can seh 'Banga-lang darlin'?" hear Princess to her husban: "Bangalang."

An den me read fi Princess Anne one letter weh Aunty Roachy write to her, seh:

> Dear Princess Anne, we feelin gran,
> It please we heart fi see
> How yuh an Captain Mark come spen
> Yuh honeymoon wid we.
>
> Princess, we an yuh not strangers,
> For we know yuh from yuh born,
> An we hope we an de Captain
> Won't be strangers from now awn.
>
> So walk good, an Good Spirit walk
> Wid yuh through life, yuh see,
> An meck yuh happy dat yuh spen
> Yuh honeymoon wid we!

Ay ya yie!

Proverbs
☆ When visitor come a we fireside, we meck we pot smell sweet.
☆ Come see me an come live wid me a two different sinting.

8 ∿∿∿∿∿∿∿∿∿∿∿∿∿∿

Free Schoolin

Broadcast in 1973, after Prime Minister Manley announced in May that education would be provided free to all Jamaicans. According to Aunty Roachy, "We cyaan afford not to afford it, so we better afford it!"

Listen, no!

Oonoo did read de big headline eena newspaper yessideh weh seh "Education to be free"?

Lawks, missis! My Aunty Roachy she jump fi joy an holler, "'Time never too long fi bannabis grow bean'! Whai! Dem shoulda print dah-deh headline eena red letter dis mawnin! 'No care how teacher cross, school boun fi gi recess'! Yes, Puppa! What a boonoonoonoos gif fi pickney eena Child Mont! Free education fi all from primary school right through to university!"

Den same time one croomojin gal who always ready fi dash dutty water pon people bleachin clothes, she gi out seh, "Cho! It cyaan happen! Is which part poor Jamaica gwine get de money from fi do all dem wagga-wagga sinting? How we gwine get de money?"

Aunty Roachy jus wheels roun pon Gal-gal an seh, "Same way yuh did able fi lengten yuh midi skirt an meck maxi fi wear go a Mona foreign travel bredda welcome-home party because yuh did like him off! For 'When jackass smell corn him gallop'.

Dat mean, when smaddy got sinting good fi look forward to, dem wi work hard fi get it. An pickney welfare is a great future heritage to we all, for if we doan look after pickney now, den we naw gwine got nobody fi look after we an look after Jamaica an look after we worl affairs later on, a oh!"

Hear de foo-fool gal, "But we cyaan afford it, Miss Roachy."

Aunty Roachy holler, "'Jackass gallop meck jackass lively.' We cyaan afford not to afford it, so we better afford it! For if we less-count pickney, den we maltreatin de future a we country, mmmm. More so now dat we independent an a rub shoulder wid whole heap a big nations all over de worl an got we own ambassadors an all dem sinting-deh. Yes, bwoy!

"Any lickle run nose po ting bwoy eena Jamaica nowadays can get a chance fi grow up an tun Governor-General or Prime Minister or any a dem sort a big shot dere. An any lickle po ting gal pickney who put her head to dem lesson an have good mine can grow up an tun lady senator or even married to ambassador or any kine a big shot. Yes, mam! Any lickle mirasmi baby who cyaan even hole pinda-shell good now can hole Jamaica destiny eena him han later on!"

For as Aunty Roachy seh, de sky is not even de limit fi pickney elevation, for outer space is reachable!

Lawks! Prime Minister speech was both boonoo–noonoos an tallawah, for all pickney deserve de chance fi get education if dem can teck education!

An my Aunty Roachy start fi sing a song:

Chorus [Sing together]
Education, studiration! ·
If yuh bright den yuh got de right
To education!

Me full up me purse wid money,
Dem tief it weh from me.
Me full up me belly wid food
An as me sneeze me feel hungry.
Me full up me brain wid learnin,
Wid sense an knowledge gran,
Me feel relief not a tief can tief
Me education!

Chorus

Chile, if yuh got ambition,
No matter how yuh poor
Nutten can keep yuh down now
Dere's free schoolin galore!
Wid one step *bram bram* into
De bes school in de lan
To qualify an tun boasify
Wid education!

Chorus

Mas Joseph tun-foot nephew,
Jane twis-mout gal Ritty,

Tata daughter a study
Fi university!
Dem countenance not handsome,
Dem station is not gran,
Dem clothes is wreck but dem brain can
teck
De education!

Ay ya yie!

Proverbs
☆ Time never too long fi bannabis grow bean.
☆ No care how teacher cross, school boun fi gi
recess.
☆ When jackass smell corn him gallop.
☆ Jackass gallop meck jackass lively.

9 ∿∿∿∿∿∿∿∿∿∿∿∿∿

Lewd Songs

Critical comment on a TV discussion. To Aunty Roachy, the "high educated big-brains people" on the panel seem not to be sure of "de difference between when someting lewd an rude an obscene an when someting clean an deestant."

Listen, no!

Any a oonoo did see some man an oman pon TV, a talk bout lewd an rude songs pon record? An dem chat an chat an go roun an come roun an spell an guess an meck an meck till de programme end an lef wi wid de feelings dat none a dem high educated big-brains people never did know de meanin a de wud "lewd" an "obscene" at all? Mmmm.

Aunty Roachy seh what a crosses pon de lan, when people so deestant dat dem don't know when sinting is indeestant, puppa teck de case!

Aunty Roachy seh dat if dem-deh smaddy wid high-rankin ability no know de difference between when someting lewd an rude an obscene an when someting clean an deestant, den it sad wid dem. For she know, mmm.

Aunty Roachy seh she know dat dere is certain tings eena human beins' life dat no human bein naw go call dung crowd fi look pon, nor bawl out pon top a dem voice an tell everybody bout, excep dat human bein is lewd an rude an obscene, a oh!

26

So dem great big brains educated people shoulda know dat to!

For, lo an behole, *Star* reporter ask some ordinary members of de public de selfsame question bout lewd an rude songs pon record, an de ordinary member of de public dat doan lay no claims to no great education was able fi talk out loud an plain, widout any water eena dem mout, what dem tink bout lewd an rude songs pon record.

An Aunty Roachy seh, "See it deh now: 'Fowl foot scratch better dan cow foot', 'Lickle bit a ram goat got beard an big bull cow no got none': de *Star* public meck more sense dan de big TV experts-dem weh dah gwaan like seh dem no know de meanin a de wud 'obscene'! Massi, me massa!"

Aunty Roachy seh dat she no believe dat a no know dem no know, a mussa fraid dem fraid or shame dem shame fi seh dat dem know, a oh! For dem did jussa go roun an come back eena dem argument.

One a dem seh dat Jamaica people got a way fi teck perfecly deestant words an turn dem into indeestant words dat is only indeestant to Jamaica people alone, an might only remain indeestant for a generation or two.

An one lady cite de case of words in Jamaica folk- songs, an she seh dat "Rookoombine" was a indeestant wud when she was a lickle pickney, an she woulda did get a bad beatin if she did ever dare sing "Rookoombine" meck her parents hear, but now "Rookoombine" is a very good folk-song dat everybody can sing anywhere widout any worries, so dat show dat Jamaica people like change de meanin a words.

An Aunty Roachy seh seh dat a true, but after a no only Jamaica people what like fi change up wuds. Eeno! Plenty people all over de worl like change de meanin a wuds to, specially if dem no understan a weh de wud mean from mawnin! An to fi-her foolish way of tinkin, all de big brains TV speakers-dem wasa leggo some breed a big wud pon TV dat might soon tun eena Jamaica cuss wud, especially when dem did a talk over an over bout "*double entendre*".

"Some calypso contain *double entendre*." But dem never did tell nobody weh "*double entendre*" mean, an plenty smaddy never did know wha de wud mean, an whole heap a people a ask dem one anodder a who name Dooblawn Tawndra!

See yah, TV better got anodder programme fi explain "*double entendre*", or . . .

Ay ya yie!

Proverbs

☆ Fowl foot cratch better dan cow foot.

☆ Lickle bit a ram goat got beard an big bull no hab none.

10 〜〜〜〜〜〜〜〜

Class an Colour Debate

In Jamaica "plenty people still a judge dem one anodder class by de colour a dem skin . . ."

Listen, no!

Yuh did hear bout how some big time educated people did eena one church hall de odder day a carry awn big argument bout "Class an Colour eena Jamaica?"

Yes, missis. My Aunty Roachy seh dat she hear seh dat de educated gentleman-dem wasa buss whole heap a big wud bout "distinction", an "discrimination", an "preconceived notion", an "equality", an "superiority", an all dem highfalutin soundin sinting-deh. But Aunty Roachy seh dat she wish she was dere, for she woulda bwile dung de whole kas-kas to pot-bottom wid a few ordinary wuds, an meck dem know seh:

"Ladies an gentlemen. Sad I am to talk to you about class an colour eena Jamaica. Because de real fac a de matter when it come to class an colour eena Jamaica is dat plenty people still a judge dem one anodder class by de colour a dem skin! Mmmm.

"Sad but true, as smaddy clap dem eye pon a black smaddy dem start class dem as low-class so till dem fine out seh dat dem got high education or dem got big job, or political backative, or big motor car.

"Das why plenty black smaddy who cyaan afford big motor car deh pon a strain dem pocket fi buy big motor car fi gi demself class elevation, oh yes!

"For plenty smaddy no respec no black smaddy at firs sight, excep parhaps a black parson who got awn him parson collar dat show him position. But if parson no got awn him collar, an him black, certain smaddy wi low-class him same way, excep of course him hair-part straight or straightish an shine. An den of course him class mighta get a lickle elevation counta him hair. For plenty people dah class odder people by de quality a dem hair.

"Sad but true, de odder day one Jamaica oman ring up one Jamaica restaurant an complain seh dat she couldn eat de lunch what dem sen to her office because she fine hair eena de lunch, an when de restaurant lady tell her how she sorry bout it, an beg her pardon, an offer fi pay her back fi de lunch since she never eat it, de oman gi out over de telephone, 'Of course ah couldn't eat it! De ting dat really hurt me is dat de hair eena de food come off nayga head! It was a piece a natty-natty roll-up nayga hair!' Dat's what de oman seh!

"Sad but true, dat soun like if it was a nice straight blonde hair she fine eena her food she woulda eat it an never seh a wud bout it! Puppa teck de case!

"An maybe if yuh ever was to go see de hair pon fi-her head, not a macca bur-bur coulda beat it, mmm. No got no respec fi dem own self!

"Lawks, a it meck de odder day when I go eena one big office an ask one porter fellow fi de manager, de bwoy kin up him nose an cut him eye after me an seh, 'Weh yuh want wid de manager? Me naw gi yuh dat kine a information, yaw mah.'

"Well, ah haul up me dignity an seh to him, 'You are perfectly right. I will ask someone wid good manners for de information.'

"De bwoy cut him eye again, an same time de manager come through de door an greet me an invite me eena him office. An de porter bwoy gi out loud to himself, 'Kiss me grampa, it look like she high!'

"When ah come back outa de manager office, de porter bwoy hedge up himself side a me, an seh, 'Alright lady, ah sorry bout dat lickle espido.'

"Well sah, ah jus gi him a pitiful look, an seh, 'Tanks for de apology. But if yuh behave manners-able to everybody yuh won't need to apologize to nobody.'"

Ay ya yie!

11

Social Climbin

In March 1966 Queen Elizabeth II and her husband the Duke of Edinburgh paid a four-day visit to Jamaica. On occasions such as these, not everyone is invited to meet the royal guests. A good thing too, says Aunty Roachy.

Listen, no!

Me got one joke fi gi oonoo bout de Royal Visitation what jus gone, when de Queen an Duke did visit Jamaica.

Well, me dear, nuff Jamaica smaddy did deh pon a bawl fi invitation to all de dignitary functions-dem. Yes, chile!

One day Punchie Slackness' daughter Putus come home from school come tell her modder seh dat Shove-up son tell her seh dat fi-him modder an fahder get invitation fi go a one a we official residence fi meet Royalty.

Missis! Punchie jump up an tare out her eye pon de pickney an holler, "Is lie! Is lie Shove-up bwoy a tell! Him jus waan fi show off pon yuh bout fi-him parents get Royalty invitation. Not true!"

But Putus seh, "No, Mamma. Ah see de invis–tation wid me own two eye. Is a big invistation."

Punchie holler, "Warra?"

An, missis, she pull foot fi one plaza an she trus piece a golden shine claht, a pair a black silk gloves – elbow lengt – an a lickle tin a gold metal paint.

When she ketch home, she roas off de frock quick-quick, paint her white confirmation kid shoes gole, an she was ready fi de official residence function, mmm.

She crash di gate widout a ticket.

An lawks, chile, when de dignitary-dem come dung an a walk wid Queen an Duke, yuh waan see Punchie a run follow dem pon de way, Puppa! So dem stop pon de lawn fi chat to high officials, a so Punchie a run backa dem an a drop cutchie. But, lo an behole, neider Queen nor Duke never even see Punchie, much more fi go pay her bad mine.

Po ting! Aunty Roachy laugh after Punchie, yuh see!

An same time, me fling back me rememberance to how Aunty Roachy did mock an jeer Tata One-stump one time, long time, when some Royalty did come a Jamaica an go a Tata church one Sunday mawnin, an Tata bex till him nearly buss because parson never did gi him no invitation. But Aunty Roachy tell him seh:

> Shet up yuh mout an tap de nize!
> Yuh tink yuh grievance strong
> Because yuh never get de chance
> Fi jine de dress-puss gang?
>
> Stop jump an kick an bawl an gwaan
> Like chigger-fly dah bite yuh.
> Yuh hooda tun big poppy show
> Ef dem did go invite yuh!

For yuh no got no scissors-tail-
Coat an top hat fi wear,
An de waistcoat grampa dead lef
Nyamy-nyamy up an tear!

Moresoever, koo yuh head top
How it shape like big seed pear!
Wha yuh tink yuh hooda favour
Eena dem-deh kine a gear?

A no piaw-piaw tings did outa
Big church Sunday mawnin gawn.
Me never see more nose-veil
An han-stockin from me bawn!

Church yard wasa play dress circle.
It was jus like dress parade -
More plastic boot an jersey frock!
More embroidery an braid!

All de mout-dem dah put awn de
Scritchy-scrutchy high class talk!
All de foot-dem dah try out de
Scripsy-scroopsy high class walk!

When de breeze dah meck fi blow weh hat,
Gloves han pon head dah cotch it;
Nose veil dah tickle up nose, an
Glove finger-dem dah scratch it!

Yuh waan see Matty Walla-lef
An Mary Halfa-brick
Wid Sweetie Charles dah roll him eye
An wheel him walkin stick!

So stop shoot off yuh mout bout how
Parson did out fi spite yuh,
An calm yuhself an praise de Lawd
Dem never did invite yuh!

Ay ya yie!

12 ∿∿∿∿∿∿∿∿∿∿
Myrtle Bank

The end of a once-famous "high an mighty" hotel in downtown Kingston.

Listen, no!

Oonoo hear weh dem a go do wid poor Myrtle Bank? Lawks!

Newspaper seh dat bulldozer an hammer an all dem terrible impliments-deh is gwine to wrought violence pon Myrtle Bank. Demolition, tear-dungins, bruck-dungins an ruination fi Myrtle Bank! Hamassi! Poor Myrtle Bank!

Aunty Roachy seh dat it bun her, it bun her, it bun her cyaan done. She feel like she losin a good-good ole time frien. No more Myrtle Bank! Lawks!

Aunty Roachy shake her head an grine her teet an seh, "Ah, doah. 'When bull ole, dem teck wiss-wiss tie him.' 'When cotton tree tumble dung, dawg jump over him.' For me member de days when Myrtle Bank was de crossroads of de Caribbean, an one a de mose famous hotel eena de ole wide worl, an rankin in very high social bracket, a oh! Myrtle Bank wasn no piaw-piaw nor no common taw. Plenty celebrated royalty an dignitaries of de worl use to cut figure eena Myrtle Bank ballroom.

"An all dem ole time days, all like me an yuh so couldn keep company wid Myrtle Bank, oh no! We coulda only stan up outa Myrtle Bank gate an wonder how it so big an pretty. An if we stan up too long a de front gate, policeman woulda wiel him staff an holler, 'Move awn an keep movin!'"

Yes, Aunty Roachy seh dat a true, an she member de firs time one a fi-her man-cousin, a fellow dem did call Show-dung, did go bathe eena Myrtle Bank swimmin pool plenty years ago. An she hear seh dat as him jump een so, everybody else dat was bathin eena de pool jump out! Mmmm.

But dat never seh "thee" nor "thou" to Cousin Show-dung. Him never miss a stroke eena him breas-stroke swimmin. Him jus keep awn a swim an float an enjoy himself so tell dem empty de pool pon him.

But Cousin Show-dung meck him point, an from dat day, ascorden to Aunty Roachy, as long as smaddy pay dem money an conduc demself deestant, anybody coulda bathe eena Myrtle Bank swimmin pool. Is Aunty Roachy cousin meck it!

So yuh see how Myrtle Bank was high an mighty? But lawks, "No care how tree big, wood-pecker know weh fi do wid it."

For nowadays all de ole sinting-dem haffi meck way fi de new sinting-dem. An it look like Myrtle Bank doan got no part nor lot eena de new waterfront development a Kingston face-liftin scheme.

Whai! Poor Myrtle Bank! "When drum done play, Jacky done dance fi true."

My Aunty Roachy seh dat she cyaan gree none at all wid de Myrtle Bank bruck-uppins. Eeno! She no see wha meck bulldozer haffi go play ring-ding pon Myrtle Bank spacious hall an gracious walls an staircase-dem an stately palm-trees an all dem nice sinting-deh, when Jamaica pickney-dem coulda play ring-ding eena Myrtle Bank pool if Autority did tun Myrtle Bank eena school, or even tun it eena hospital. For newspaper seh dat it is a very healty location, mmmm.

But "Bad luck wuss dan obeah", an Myrtle Bank got bad luck fi true, mmm. 1966, Myrtle Bank suffer terrible fire-conflagration, an now, *baps*, destruction an demolition is Myrtle Bank condemnation. "When shillin get ole, dem call him ten cent."

Ay ya yie!

Proverbs

☆ When bull get ole, dem teck wiss-wiss tie him.
☆ When cotton tree tumble dung, marga dog jump over it.
☆ No care how tree big, woodpecker know weh fi do wid it.
☆ When drum done play, Jacky done dance.
☆ Bad luck wuss dan obeah.
☆ When shillin ole, dem call him ten cent.

13 $\wedge\wedge\wedge\wedge\wedge\wedge\wedge\wedge\wedge\wedge\wedge\wedge$

Tom Cringle's Cotton Tree

*On the demise of a famous cotton tree at Ferry,
St Catherine, which collapsed in February 1971. It
had been a landmark for centuries.*

Listen, no!

What a way Tom Cringle's cotton tree fall dung
sudden de odder day, eeh? Lawks! One newspaper
call it de "fall of a giant"! An my Aunty Roachy seh
dat-deh tree was a giant fi true, like a big four-finger
giant a point pon de four corners a de worl.

Lawks, it was a nice cool shady tree fi people
siddung under an blow breat an res dem body. Aunty
Roachy seh she gwine miss dat-deh cotton tree fi true,
an de native curio vendor-dem what always like fi
siddung under Tom Cringle's cotton tree so meck dem
bamboo an bead curio, an sell dem curio, an pose
off wid dem curios when touris a snap de tree wid
dem camera, mus feel like a gumbeh drum widout
a goat-skin now dat Tom Cringle's cotton tree fall
dung.

And lawks, missis! Dat-deh cotton tree was a real
touris attraction eena Jamaica, wid all sign a heng
pon it fi touris read history, an touris did like fi pose
under it an meck dem one anodder snap dem picture
wid de famous cotton tree.

But none a dem couldn pose nicer dan how de
cotton tree pose!

My Aunty Roachy seh dat if dat-deh cotton tree coulda did talk it coulda did tell more story dan all de story wha dah fly bout since de tree fall dung.

Puppa, we got one Jamaican proverb what seh, "When cotton tree tumble dung, dawg jump over it." An my Aunty Roachy seh dat is a true wud. For every puss an dawg deh pon a wallow up dem mout pon Tom Cringle's cotton tree since it tumble dung.

Some a dem seh dat a bex de tree bex, because Autority deh pon a restore all kine a monument bout Jamaica an yet, still an for all, dem teck so long fi declare Tom Cringle's cotton tree as a National Monument of Jamaica. An some a dem seh a because Autority ben a threaten fi preserve de cotton tree as a historical site wha meck all de duppy-dem of all de smaddy-dem weh dem use to heng pon de cotton tree get bex an decide fi fall him before him get a chance fi show off himself any more dan him always a show off himself pon touris as historical site.

Den some odder people swear seh dat a because Tom Cringle's cotton tree was three hundred years ole an all de hundreds a duppy-dem what live eena de tree decide fi celebrate dem duppy tercentenary anniversary, an dem start a big duppy jamboree eena de treetop an weaken de po cotton tree meck it collapse. For so de duppy-dem leggo gymnastics pon one limb an dat limb crash, a so de duppy-dem jump pon anodder limb an cut figure dreadful so till de poor cotton tree collapse limb bi limb.

Whai! Some people swear seh dat dem coulda see duppy a kick puppa-lick eena de newspaper picture a de tumble-dung cotton tree. An one man teck oath seh dat fi-him car did bruck dung under de cotton tree de night before de cotton tree tumble dung, an meanwhile him wasa jack up de car wheel him hear one cock a crow *crookoo rickoo* eena de top a de tree, an all of a sudden him hear one drum a knock an whole heap a duppy voice a sing seh:

> Back to back, belly to belly -
> Dis a de cotton tree tercentenary.
> Back to back, belly to belly -
> Is a duppy jamboree!

Ay ya yie!

Proverbs
☆ Feel like gumbeh drum widout a goat-skin.
☆ When cotton tree tumble dung, dawg jump over it.

14 〰〰〰〰〰〰〰〰〰

Rude Man

What has become of good manners? "What happen to de good ole time 'Help thy neighbour' feelins?"

Listen, no!

De odder day me see one big headline eena newspaper seh "Why have men become so rude?"

An my Aunty Roachy quick an bris start to read de writin same time. For she seh dat is a question she been askin herself over an over dese days, de only difference is dat fi-her question is not only bout men alone but bout mankine in general, human beins, mmm.

For it look like nowadays good manners no got no talk again, an nuff people dissa teck bad manners meck dem daily bread. But de newspaper writin was talkin bout how de male sex "no longer show any lickle extra respec fi de female sex".

An it talk bout how one poor tired oman struggle awn to a crowd-up bus wid a load-up basket eena one a her han-dem an a young baby in de odder han, wid perspiration a wash her, an she did look very wanted indeed, but de newspaper seh dat de poor oman had fi stan up de whole long journey wid her baby an her basket eena her han-dem meanwhile some big strong-physic man sprawl out pon de bus seat-dem an not one jack man offer fi gi de poor oman him seat. An, ascorden to de newspaper, dat was great man rudeness.

But my Aunty Roachy seh dat, to fi-her foolish way of tinkin, is not only dat dem got rudeness an bad manners pon dat bus, but is de fac dat dem didn got no human feelins pon dat bus at all. For oman can help a distressful sister to, an, seein as how nowadays plenty oman deh pon a wear trousis an play cricket an a drive bus an a demands equal rights wid man, den oman mus able to rise to de occasion an rush to de rescue of dem odder fellow omankine to! So a no man rudeness alone dat cause dat poor oman an her baby an her basket an her heaby perspiration fi suffer pon de bus, a oh!

Lawks, Aunty Roachy seh dat even if everybody pon de bus was so tired dat it woulda gi dem body-come-dung fi get up an offer de poor oman a seat, yet, still an for all, even a pickney coulda offer fi hole de baby fi her an ease some a her burden, mmmm!

Even doah my Aunty Roachy she did go hole a baby fi a oman pon a bus an de baby teck a fancy to Aunty Roachy chokey bead an pop if offa her neck. But Aunty Roachy never groan nor grunt, doah some hard-hearted people did a seh dat in dese days of Family Plannin posters de oman did wrong fi got baby eena her han an prignant at de same time.

But Aunty Roachy seh, "'Chicken dinner cyaan meck up fi bruck egg.' What is de cos of a chokey bead, compare to de feelins of a sufferin human bein? What happen to de good ole time 'Help thy neighbour' feelins? What happen to we good ole time Jamaica proverbs-dem what seh 'Lovin heart meck backbone trong', 'Do good an good wi follow yuh',

'Tedeh fi me, tomorrow fi yuh'?

"What happen to we good ole Jamaican song what sing seh:

> When a hungry belly smaddy share him
>   quattie bread
> Den him is a frien;
> When yuh see me outa door an meck me
>   share yuh bed
> Den yuh is me frien.
> When me heart is heaby laden an yuh cratch
>   me head
> Den yuh is me frien!
> Dawg wi challenge lion bole
> If him have a frien . . . ?"

Ay ya yie!

Proverbs
☆ Chicken dinner cyaan meck up fi bruck egg.
☆ Lovin heart meck backbone strong.
☆ Do good, an good wi follow yuh.
☆ Tedeh fi me, tomorrow fi yuh.

15 ᨆᨆᨆᨆᨆᨆᨆᨆᨆᨆᨆᨆᨆ
Good News Headline

The newspapers (Aunty Roachy says) should feature some of the good things done by decent people. For example . . .

Listen, na!

Yuh notice how mose a de time yuh always hear people complain bout de bad manners an dis–courtesy weh dem buck up pon all over Jamaica, but yuh hardly ever hear anybody a sing bout de praises of de mannersable an good temper workers-dem dat dem buck up? No, sir!

An my Aunty Roachy seh dat some people deserve praises. Yes, mam. Plenty people is praise-deservin fi true. Mmmm.

My Aunty Roachy seh dat newspaper shoulda got a decency reporter fi write big an broad pon front page every day de good deestant sinting-dem what upright an hones people do, an maybe dat woulda meck people do more an more good sinting fi get some deestant publicity.

So hear one gal weh dem call Blow-blow, "Yes, a true, Miss Roachy. Plenty hones people naw get no praises fi dem honesty at all. For look how long me deh pon a tidy Mimi bathroom, every day me tidy it, an de way me hones not one day me ever teck a bathe."

Aunty Roachy buss out a laugh an seh, "Dat soun more like nastiness dan honesty, Blow-blow. But be dat as it may, me woulda like fi see Jamaica people get use fi run go buy newspaper fi read bout what good sinting happen tedeh, instead a run go buy newspaper fi see what kine a bad sinting happen. For, lawks missis, when de so-so criminal publicity a gwaan, de more publicity de criminals-dem get a de more ferocious an dry-eye dem gwaan wid dem criminal proceedins."

Lawk! Aunty Roachy seh dat newspaper shoulda start fi gi good news de same headline popularity as bad news to! For she sure seh dat nuff good deestant hones people deh pon a do nuff deestant hones deeds every day.

All like de taxi-driver who did drive Aunty Roachy up de hill, an she gi him a two-dollar bill an tell him fi teck out fifty cents outa it, an him tell her seh him sorry dat him no got no change fi her but she mus tell him where in town which part him can leave de change fi her, an Aunty Roachy gi him Betsy Syrup address dung town.

An when she call Betsy an tell her fi expec de taxi- driver wid de change, Betsy laugh her to scorn an seh she better kiss de change goodbye for she wi never see it again. But, lo an behole, nex mornin Betsy ring up Aunty Roachy an seh, "Lawks, Miss Roachy, ah shame so tell! De taxi gentleman jus bring de envelope wid fifty cents eena it mark 'Miss Roachy' fi yuh!"

Aunty Roachy seh, "Yes, me dear. Dat taxi driver know him Jamaica proverb what seh, 'Is better fi lose yuh time dan yuh character', 'Before me tief, me wear jeng-jeng', 'Better me foot eena samplatta dan me han eena hancuff'.

Ay ya yie!

Proverbs

☆ Is better fi lose yuh time dan yuh character.

☆ Before me tief, me wear jeng-jeng.

☆ Better me foot eena samplatta dan me han eena hancuff.

16 ⩗⩗⩗⩗⩗⩗⩗⩗⩗⩗⩗⩗

Praises

Another example of praiseworthy behaviour, "a friendly deed mongs neighbours . . ."

Listen, no!

We got one Jamaican proverb what seh, "Every fish eena sea no shark." An my Aunty Roachy prove it de odder day when we go up a country go spen time wid one a we cousin who got a lickle gues house an usual to teck een touris people an such delikes.

So one evenin we wasa res we body under a guinep tree, when a touris lady choogoo-choogoo up de hill eena one lickle car what belongs to a nex cousin we got who usual rent out de car to any touris gues dat want it fi hire. Him always warn dem seh dat is a good car but it meck plenty noise. De distric people call de car "mountain bullet", an de trunk door don't keep lock dung excep it tie dung wid string. But away from dat, de engine good an de car is very roadworthy.

So when de touris lady drive de mountain bullet come pon de lawn, me an my Aunty Roachy notice seh dat de trunk door wasa flap open.

De touris oman jump outa de car, stare pon de open trunk door, an gi out, "Good gracious! My case of liquor is gone! I have been robbed!"

Aunty Roachy so frighten she nearly swallow her guinep seed. She seh to de touris oman, "Which part dem rob yuh?"

De touris oman seh, "It must be at de foot of this hill. Oh yes, I saw all the parcels in the luggage compartment myself when I was leaving town, and I haven't stopped at all except at de foot of this hill. Somebody must have stolen it then."

See yah! Same time yuh coulda see Aunty Roachy spirit a rebel, an she seh to de oman, "No, mam. Not up here. De people in dis distric don't tief liquor."

De touris oman screw up her mout wid suspicion an seh, "I'm afraid that I don't share your trust. Someone in this vicinity has stolen my liquor from my car, and I am going to report the matter to the police."

Lawks, chile! Me heart sink to me foot bottom, an ah bruck out eena cole sweat, fi tink dat police gwine come tainted de reputation a we lickle country village an me cousin deestant gues house!

But same time we hear a man we call Beardy voice a holler, "Peace be unto you! Hole dawg!"

An him walks eena de yard wid him three bwoy pickney backa him an a heavy lookin cardboard box top a him head.

De touris oman yeye-dem nearly drop outa fi-her head, an she gi out, "Where did you get that box?"

Beardy seh, "Peace an love, sister! Dis box rolleth out of thy car-back when thou was drivin up de hill. I call after thou, but thou didn't hear I. So I bring it up for thou!"

Him help dung de box offa him head, an de touris oman open de box, look in deh an seh, in a fenky-fenky voice, "It is all here! I thought I'd been robbed!"

Beardy smile through him beard an seh, "He that is void of wisdom despiseth his neighbour. But a man of understanding holdeth his peace."

De touris oman teck out a money outa her purse an seh, "I would like to give you and the little boys something."

Beardy shake him head an seh, "Not for I nor mine. Dis is a friendly deed mongs neighbours, an de gain thereof is better dan silver and more precious dan fine gold. Come, Shadrach, Meshach, Abednego!"

An him an him three pickney-dem walk calmly dung de hill.

De touris oman stan up speechless.

Aunty Roachy seh, "Praises be! 'Every fish een sea no shark'!"

Ay ya yie!

Proverbs
☆ Every fish eena sea no shark.

17

Hardhearted Smaddy

Dildo Fencin, "Rude an outa-order cyaan done."

Listen, no!

When me tell my Aunty Roachy seh dat every mont, one time a mont, de ladies a Y.W.C.A. Luncheon Club put awn a big lunch a Y.W.C.A., and dat de club is ten years ole dis year, Aunty Roachy holler, "Lawks, dat bout one hundred an twenty lunch dem got aready, mmmm. Dem young but dem tallawah."

Me seh, "Yes, Aunty Roachy, dem tallawah fi true. For me hear seh dat dem teck all de lunch money what dem collec and look after young people welfare."

Aunty Roachy seh dat is a very well deservin sinting, fi help young people, specially eena dis Humane Education Year. For dictionary seh dat "humane" mean kind, tender, merciful, considerate, an all dem tings-deh. Mmmm.

It woulda behoves all human beins fi leggo dem kindness, tenderness, mercifulness an consideration pon dem one anodder human beins dis Humane Education Year. For sad to say dat we got some kine a hardhearted smaddy eena fi-we lickle lan a wood an mud dat don't got no part nor lot wid de wud "kindness", "mercifulness" an "consideration" at all at all.

All like one gal we know what dem call Dildo Fencin who, ascorden to my Aunty Roachy, if kindness an mercy an consideration was food, an yuh mix it up gi Dildo Fencin fi eat, she woulda spit dem out an seh is poison yuh a try fi poison her, mmmm. Rude an outa-order cyaan done!

Aunty Roachy seh dat de odder day Dildo an her granny was comin from market wid a bankra basket full a foodkine, an Dildo meck de ole oman carry de heaby basket all de way from de market to de bus-stop, an all Dildo had eena fi-her han was one lickle lickle change purse! Wicked, unmerciful gal! Need Humane Education!

So when dem come outa de bus bout two block from dem gateway, an de poor ole oman was still a struggle wid de basket, Dildo gi out, "No, Granny, yuh a walk too slow fi me, yuh hear! Yuh cyaan keep up wid me. I gawn!" An she chips weh eena her high heel boot an lef de ole lady.

Well sah, same time loud mout Betsy Stirrup, who did jus come offa de same bus wid fi-her bwoy pickney Rough-up, bawl out, "Dildo Fencin, yuh is a rumbunctious young gal! Yuh shoulda shame fi meck yuh granny a carry such a load, an yuh empty handed! Yuh is a granny maltreater!"

An same time Rough-up an nuff more lickle street bwoy pickney pick up de cry, an holler, "Granny maltreater! Granny maltreater!"

Dildo Fencin brain part did start feel shame, but her heart was still widout tenderness. Hear her, "Come awn, Granny. Come awn and doan notice dem."

Well, same time Aunty Roachy was comin awn in de opposite direction, an notice de whole parangles. So Aunty Roachy go up to de ole lady, teck de basket outa her han, an seh, "Meck me help yuh, yaw, Modder Mac."

An Betsy Loud-mout bawl out, "Dildo, yuh meck stranger haffi help yuh granny? Yuh wutless, eeh?"

An de street bwoy-dem pick up de strain again, an holler, "Granny maltreater!"

Well massa, Aunty Roachy seh dat Dildo wheels roun eena one rage an do so *voops* an haul de bankra outa Aunty Roachy han wid such a force dat Dildo an de basket tumble dung *boops* pon de sidewalk, an all de foodkine-dem scatter roun her.

Everybody buss out a laugh, an Dildo buss out a bawlin an look pon her granny an seh, "Granny, yuh naw come help me pick up de tings?"

Well sah, Aunty Roachy seh dat de ole granny gadder up her strengt an haul up her dignity, an look pon Dildo pon de sidewalk, an seh, "Pick dem up yuhself, Dildo. Pick dem up!

For 'When yuh meck yuh sail too big fi yuh boat, yuh sail boat mus captize yuh.'"

Ay ya yie!

Proverbs
☆ Yuh meck yuh sail too big fi yuh boat, yuh sail boat mus captize yuh.

18 ∿∿∿∿∿∿∿∿∿∿

Shady Tree

"Good people is still plentiful eena de worl."

Listen, no!

We got one Jamaican proverb what seh, "Every sun-hot got him shady tree." An my Aunty Roachy seh dat is good fi member dem-deh well-deservin wuds, especially nowadays when unmannersable behaviour an wickedness rampant!

Massi, me massa! Nowadays when yuh buck a good foot an some nice sinting happen to yuh dat meck yuh heart jump an prance an dance an sing wid joyfulness an tenkfulness, lawks, yuh mout cyaan help from holler, "'A no every mango got maggish'! 'Every fish eena sea no shark'!"

For lawks, me chile, de odder night me an Aunty Roachy was drivin home late-late from a theatre show, pon a dark an lonely stretch a outa-town road, an we was jussa dead fi ketch home quick a we yard, as we mind start run pon all de devilment dat a develop eena de worl nowadays, an de crosses dat coulda lay-wait two harmless oman pon a dark night. An *baps*, as we bruck a dark corner so, me hear de car a go *broop-broop* an Aunty Roachy holler, "Puncture!"

An it was a true wud. De motor car tyre puncture pon we.

See yah! We stop de car wid fear an tremblin eena we heart, for we never got no flashlight fi see fi change de tyre, an moresoever when it come to jackin up car an pullin lug an all dem tings-deh, me is a real dunce. Mmmm.

An lawks, me dear, not a puss, not a dawg, not a mongoose was in sight, we never even hear a cricket whistle or a bullfrog bawl, an — pon top a everyting — darkness cover de lan!

Aunty Roachy seh dat it did look like heaven ink-pot tun over pon de night. All we coulda do is pray.

Den all of a sudden we see a motor car light coming towards we eena de distance, an Aunty Roachy jump outa de car an seh, "Fi better or fi wussa, we haffi call fi help." An she stan up eena de middle a de road an flag dung de car.

De car stop, an four strong-physic man jump out eena de road, four man dat we never see before eena we life from de day we bawn. Me heart jump *boodum* an me seh, "Ee-hee now. Now fi it!"

An one a de man seh, "What happen, lady?" Aunty Roachy seh, "We have a puncture." Anodder man seh, "Yuh have a spare?" An me jump outa de car an seh, "Yes, it in de trunk."

Dat time me heart a gallop wid frightnation.

But anodder man gi out, "Come, fellows, meck we help de ladies."

An same time me spirit calm dung, an ah know we did buck a good foot. An de four man-dem, dat we never see before in life, teck de car key open de trunk, teck out de spare tyre an de jack an de tools-dem, an start fi change we tyre by de light of a lickle cigarette lighter dat one a dem had.

Me an Aunty Roachy stan up eena de road wid shame a ride we conscience fi de suspicious an fraidness dat we did feel at de beginnin.

Meanwhile, anodder car come roun de corner an stop, an de driver seh, "But you could use some more light."

An one a de fellow seh, "Yes, but our battery low."

An de man back up him car an shine him car light so de fellow-dem coulda see better what dem was doin. Mmmm.

An den, a lickle after dat, a man pon a jackass bruck de corner, an de donkey hamper-dem was full a pretty flowers dat de man was goin dung fi sell, when him buck we up an seh "Whai!" an stop de jackass, an gi out, "Mmm, car trouble pick oonoo up!"

So Aunty Roachy seh to him, "Yes, sir. But dose young fellow helpin we out."

De jackass man seh, "Das good. Sorry I can't help you too, but teck dis cheer oonoo spirit." An him han we a pretty bunch a flowers. An before we coulda seh "Thanks, and walk good", de man an him jackass loss eena de night.

When everyting was over, Aunty Roachy look pon me an seh, "Ah, dear. Good people is still plentiful eena de worl. Mmmm. An if yuh look eena sun-hot yuh fine shady shady-tree. 'Every duppy a no rollin calf!' "

Ay ya yie!

Proverbs

☆ Every sun-hot got him shady tree.
☆ A no every mango got maggish.
☆ Every fish eena sea no shark.
☆ Every duppy a no rollin calf.

19 〰〰〰〰〰〰〰〰〰〰
Bad Manners

Shake-up and her "outa-order behaviour."

Listen, no!

Yuh notice how some people eena Jamaica deh pon a teck unmannersable so meck dem signature tune an signpos through life, an a mash up de reputation a we pretty lickle touris attraction islan?

Lawks missis, we got nuff people who tink seh dat fi seh "please" an "thank you" teck someting offa dem an meck dem inferior to whatsoever smaddy dem tanksin or pleasin. Mmmm.

An yuh fine seh dem same kine a smaddy-deh got a way fi bawl out everybody name by dem firs name, whedder dem is dem frien or not because, to fi-dem foo-fool way of tinkin, if dem seh "Mister" or "Miss" to anybody, it meck de smaddy better dan dem. Stupid jackass reasonin! Cho!

But my Aunty Roachy seh dat she feel sorry fi dem kine a people deh, because plenty a dem no know no better because nobody never tell dem better from dem bawn. Mmmm. People only talk an whisper bout dem bad manners smaddy backa dem back, so some a de poor unmannersable sinting-dem jus a galang through life a mash up people corn an maltreat people decency wid dem bad manners, unbeknownin to demself.

So Aunty Roachy seh dat she cyaan bline her eye an gag her speech to it. Eeno! She haffi haul up dem wrong conscious smaddy-deh ignorancy anytime she get de chance.

All like one walk-an-sell oman we know weh dem call Shake-up who nearly meck Miss Noonoo niece Cutie loss her typis job de odder day counta Shake-up outa-order behaviour eena Cutie office.

Ah, me dear! Cutie is a secretary eena a big office dung town, yuh know, an she is a very nice chile. An anytime Shake-up come roun de office fi sell anyting, Cutie woulda patronize her an talk to her very pleasant.

Well, de odder day Shake-up walk up to de office door as usual wid her basket sling over her arm, an holler loud, "Any asham, cocksham, nuts, gizada?" An one a de young lady-dem seh, "Not today."

Hear Shake-up, "Weh my lickle customer Cutie deh?"

So anodder lady seh, "Miss Jones can't be disturbed now. She is in the Manager's office."

Eh-eh! Shake-up suck her teet *tshwaah* an walk *bram-bram* through de office towards de door mark "Private". A lady call out to her an seh, "You can't go in there!"

But cho! Shake-up wrench open de Manager door, poke her head eena de room, an holler, "Asham, cocksham, nuts, gizada!"

De Manager gentleman gi out, "How did you get in here?"

Hear Shake-up, "Is not yuh ah talkin to. Is dat young chile ah want. She is me customers."

Well, poor Cutie was so frighten an shame dat she seh, "You shouldn't come in here. I don't want anything today."

A who tell her fi go seh so, Puppa?

Shake-up start meck up one noise eena de people office, an bawl out pon de top a her voice seh, "Yuh belly mussa full tedeh, meck yuh can less-count me sinting-dem. De whole a oonoo belly mussa full. But when oonoo hungry an bruck, a fi-me tings oonoo ready fi trus!"

She gwaan so bad dat one a de fellow jus march her through de door, an caution her never to set foot eena dat office again.

So she come and a complain an look sympathy from my Aunty Roachy.

But Aunty Roachy jus tell her seh, "Yuh doan got nobody to blame but yuhself, Shake-up. 'When man teck him chair-back meck fire-stick, if him try fi lean back him gwine feel grung lick.'"

Ay ya yie!

Proverbs

☆ When man teck him chair-back meck fire-stick, if him try fi lean back him gwine feel grung lick.

20 ∿∿∿∿∿∿∿∿∿∿

Bad-Minded

Leggo Lawless and Modder Wallop reap the fruit of their "bad-mindedness".

Listen, no!

We got some terrible bad-minded smaddy a worl, yuh know! Yes, especially eena fi-we lickle Jamaica-yah. We got some kine a people who never got nutten good fi seh bout nobody yet, an anytime dem hear smaddy a praise up smaddy else dem always got someting bad fi tell yuh bout dat smaddy.

Like one oman name Leggo Lawless, weh buck up my Aunty Roachy a one party de odder day. An when she see some people a meck much a Aunty Roachy, an one lady remark dat Aunty Roachy look well, de bad-minded Leggo Lawless gi out, "Cho! She mighta look good now. But, lawks missis, she comin from fur, she got some ole poor family up a mountain, yuh see!" Mmmm.

Well, Aunty Roachy jus wheel roun an seh, "Tenk yuh, Leggo Lawless, fi mention fi-me poor family-dem a mountain. Not one a fi-me poor family-dem a mountain is criminal."

See yah! Leggo Lawless jus cut her eye an suck her teet an tun her back. An Aunty Roachy jus buss out a laugh. For she know seh dat, as she seh de wud "criminal", everybody mus member Leggo bruck-kitchen bredda weh dem call Cattle Bowels from de time him did go a jail fi raid Modder Beefy tripe yard.

But it serve Leggo Lawless right. For "Alligator shouldn cuss hog mout long", an "When jackass like fi bite an kick, him back mus feel crookooo-macca stick"!

Like one ole oman dem did call Modder Wallop who lean over her gate fence a day time an pass bad remarks bout everybody dat pass pon de street. Sometime yuh hear Modder Wallop gi out, "Whai! What a young gal walk bad! Lawks, what a oman marga - she favour duppy leaverins!"

Yes, all dem sort a bad remarks-deh Modder Wallop always a pass bout people.

An she galang-galang bodder-bodder people so till one day when Jook-jook did dress up a go a airport go meet him girlfrien an Modder Wallop look pon him an gi out, "Koo yah! Stray dawg a tun dress-puss!"

Well, Jook-jook hear her, an him stop an seh, "See yah, old oman! If ah didn respec yuh age, ah woulda box yuh dung out yah tedeh!."

Well, sah! Modder Wallop put her han pon her head, an start holler, "Whai! De bwoy seh im a go box me, oh! Jus because me no got nobody fi teck up fi me, de bwoy waan fi box me!"

Well, same time Aunty Roachy, who wasa come awn de street an see de whole proceedin, decide fi learn Modder Wallop a lesson bout bad-mindedness. So she tun to Modder Wallop an seh, "Den if him threaten fi box yuh den yuh shoulda meck him box yuh."

Hear Modder Wallop, "Den yuh woulda teck up fi me if him box me?"

Aunty Roachy seh, "Meck him box yuh."

Same time Modder Wallop run up to Jook-jook, and kimbo off an seh, "See me yah! See me yah! Box me! Me no got no backative. Box me!"

An before Jook-jook coulda ketch him breat, Aunty Roachy jus haul weh Modder Wallop an seh, "Shame a yuh, ole oman. Go inside a yuh yard, an stop inveigle young bwoy fi box yuh."

Poor Modder Wallop so frighten she gi out, "But me did tink . . ."

Aunty Roachy seh, "Yuh did tink me was gwine encourage yuh eena yuh bad-mindedness, no? But me was only a try fi show yuh seh dat 'When ratta like romp roun puss jaw, one day him gwine en up eena puss craw'!"

Ay ya yie!

Proverbs
- ☆ Alligator shouldn cuss hog long mout.
- ☆ When jackass like fi bite an kick, him back mus feel crookoomacca stick.
- ☆ When ratta like romp roun puss jaw, one day him gwine en up eena puss craw.

21 ∿∿∿∿∿∿∿∿∿∿∿

Spellin Bee

On gender and the Competition.

Listen, no!

How oonoo like how one lickle bit a bwoy pickney tun Spellin Bee champion eena dis big International Womans' Year!

Well, massa, all de man an bwoy-dem eena fi-we yard start fi jump alleluia an crow bout man-liberation eena Womans' Year.

Janey force-ripe bredda, Man-to, gi out seh dat we got one Jamaican proverb what seh "Marga cow a bull mumma" but we haffi change dat to "Marga bull a cow puppa", for when newspaper did meck de big alarm seh dat is de fus time in de sixteen Spellin Bee contes over de years dat only one bwoy has reached de All-Islan Finals, plenty females wasa kin dem teet an seh, "Cho! Dis is Oman Year, an de gal-dem jus a gi de one lickle bwoy a chance fi show him motion but, when de gal-dem ready, dem jus gwine bounce him weh!"

Lawks! It was a pitiful sight fi see de po lickle bwoy picture eena newspaper wid de tirteen gal-dem a overpower him pon all sides, lef, right an centre, an newspaper writin seh "The lone boy champion in the Spelling Bee finals outnumbered thirteen to one by the girl spellers." Mmmm.

An de po lickle bwoy foot-dem couldn even reach grung! Lawks! But lo an behole, *baps,* de lickle bwoy jus bounce weh de tirteen gal-dem an tun champion Spellin Bee champion a de year! Lawks, what a blow to oman equality pon Oman Year!

Tata One-stump jam him walking-stick a grung an cut pasmarall roun de stick an holler pon de top a him voice, "'An a lickle chile shall lead dem'! Look how de lickle ten-year-ole bwoy jus leggo man-liberation pon de tirteen gal-dem like nutten no happen, eeh? Puppa, de lickle bwoy tallawah!"

An Tata back him jacket an holler, "What yuh got fi seh, Miss Roachy? Yuh no proud a de lickle bwoy?"

Aunty Roachy buss out a laugh an seh, "Yes, Tata. We all proud an congratulate de bwoy, but me feel proud a de gal-dem. For when we hear some a de big langgulala wuds-dem what de lickle pickney-dem wasa tackle an a spell off like nutten happen, it did sweet me cyaan done." Mmmm.

Aunty Roachy seh she wasa enjoy herself eena Spellin Bee fi true. When she hear de Spellin Bee Master gi out "panacea" an de lickle pickney answer "p-a-n-a-c-e-a", an de Spellin Master seh "dia-phanous", "insidious" an all dem sort a big wuds-deh, an we hear de pickney-dem mout dissa gallop pon de right spellin a de words-dem, she had was to holler, "Puppa! But dem-yah pickney tallawah backa de spellin, massa! Dem-yah pickney nuff! Spellin Master cyaan ketch dem at all!"

But one nex time, when de Spellin Master gi out

"xenophobia", an before de wud coulda drop outa him mout, de lickle bwoy pickney gi out "x-e-n-o-p-h-o-b-i-a", an Spellin Master seh "Correct!" An my Aunty Roachy holler, "Massi, me massa! De bwoy mo an me, for me never know seh dat-deh wud start wid 'x'! Whai!"

Aunty Roachy seh dat we all haffi wish de Spellin Bee bwoy champion plenty good luck, but we haffi congratulate de gal-dem to.

Hear Tata One-stump, "Dis was a real bwoy-liberation year eena Spellin Bee! Bwoy-liberation prove seh dat when man go fi go meck up him mine pon victory, dem reign victorious an not a oman cyaan stop dem!"

Aunty Roachy seh, "A true, Tata. But mose a de time when man a meck up dem mine, dem got a oman back a dem a help dem fi meck up dem mine."

Tata seh, "Po!"

Aunty Roachy seh, "'Po', no? Look pon de champion speller picture-dem eena newspaper, an yuh wi see what ah mean. All de teachers backa de pickney-dem is so-so oman teacher! Pudden cyaan bake widout fire. Pickney cyaan learn widout teacher. Oman teacher, oman power!"

Ay ya yie!

Proverbs

☆ Marga cow a bull mumma.

☆ Pudden cyaan bake widout fire.

66

22 〰〰〰〰〰〰〰〰〰〰

Oman Equality

Aunty Roachy condemns "unfairity" to women. "But yet, still an for all, she woulda caution dem fi tickya dah wud 'equality' . . ."

Listen, no!

Oonoo notice de whole heap a kas-kas Oman Liberation a kick up all over de worl nowadays?

Yes, bwoy! Nuff oman deh pon a seh dat dem a seek liberation from man-dominance, counta how some man got a way fi chat bout seh "Woman's place is in the home", an a demands dat oman tan a yard so wash an cook an clean all day long, an teck any lickle money pittance what de husban waan fling pon dem a week time, an meck it stretch fi provide food an clothes an shelter, meanwhile de husban-dem a drink an gamble as dem like. Mmmm.

Dem got some man what hole seh dat oman no got no right fi run lef dem yard go work fi money, for all dem a do is box bread outa man mout. Lawks, what a joke!

From ah bawn! What a unfairity!

Das why nuff oman deh pon a raise bangarang fi Oman Equality. An my Aunty Roachy seh she cyaan blame de oman-dem, for she is a oman to, an who feels it knows it. "Rockstone a bank side feel sun-hot."

But yet, still an for all, she woulda caution dem fi tickya dah wud "equality". For dat wud "equality" is a very croomoojin wud, mmmm.

For doah one an one equal two, if yuh got one boar hog an one coco fiel yuh no got two a nutten, yuh see. For if de boar hog ever get weh eena de coco fiel den "hog eena yuh coco", an *baps,* all yuh gwine got is one bang-belly boar hog an no coco fiel at all! So one an one no equal two in a case like dat at all at all!

Den if yuh got one gal pickney, yuh cyaan seh yuh got a bwoy; an, no care how yuh modder gi yuh strong backative, it woulda soun a kine a way fi yuh call yuh modder "Puppa". So pon a point like dat, Aunty Roachy seh is plain to see dat one oman cyaan equal one man, an vice versa. Mmmm.

De wud "equality" cyaan stan up by itself alone. So Aunty Roachy seh dat when dem add awn "rights" an seh dat oman want "equal rights" wid man, soun better.

All like de rights fi get equal pay fi equal work like man.

Aunty Roachy seh dat she gree wid dat, for if a oman a do de same work like man she suppose fi lif up de same pay envelope an stick out fi her equal rights when it come to money.

But Aunty Roachy seh dat she naw promise nobody fi stick out fi no equal rights wid man when it come to change motor car tyre an climb high ledder an high tension electric pole an telegram pos an all dem sort a dreadful man-temperance work-deh.

Eeno! She no want dem kine a oman rights at all. An pon a point like dat, Aunty Roachy seh dat she is ready an willin fi meck man call her "de weaker sex."

But she woulda holler fi her Oman Rights when she buck up pon dem unconscionable man who like walk street an carouse a night time, an lef dem wife an pickney a yard fi face burglar an all dem terrible sinting, an den when dem ketch home all hours a night dem bex if dem wife no wake up outa bed come hot up dem dinner gi dem fi eat. Mmmm.

Lawks! In a case like dat, oman got a right fi stan up to dem Oman Equal Rights.

But oman haffi careful nuffi carry dis Equal Rights worries too far, for "Pretty roses got macca jook." An nex ting yuh know, man mighta seize de chance fi leggo all fi-dem rights pon oman an *baps*, whole heap a man start tun roun sue oman fi pickney supportance!

An lawks, what a crosses if man ever pass law dat every oman in a delicate state of healt mus go out go buss labour an meck dem husban tan a yard so teck maternity leave!

Ay ya yie!

Proverbs
☆ Rockstone a bank side feel sun-hot.
☆ Pretty roses got macca jook.

23 ᐱᐱᐱᐱᐱᐱᐱᐱᐱᐱᐱᐱᐱ

Oman Driver Praises

Broadcast in 1970. Aunty Roachy celebrates the finding of an insurance company that women drivers have a better safety record than men.

Listen, no!

Any a oonoo hear de news bout how one insurance company do all kine a research an investigations an survey an get fi fine out seh dat oman drivers have been unfairly attacked about their drivin ability?

Yes, missis! It did deh all pon radio seh dat Insurance Company fine out seh dat "Woman drivers have a far greater safety record than their male counterparts." Mmmm.

Yuh see dat now? Story come to bump! "Every day bucket go a well, one day bottom haffi drop out"! Mmmm. Insurance Company fine out seh dat oman safer dan man backa motor vehicle wheel!

An my Aunty Roachy seh a true. For she know plenty-plenty oman who deh pon a drive motor car good-good fi plenty years mongs nuff hog-thomas man drivers an yet, still an for all, de oman-dem never get in no car worries fi all de omuch-omuch years dem a drive motor car!

But yet, still an for all, man drivers got a bad way fi teck oman drivers meck poppy-show. All like how newspaper did write up one time bout one oman over foreign who did fail her motor car driver's tes over seventy times. An how one time when she was a teck her drivin lesson, de drivin teacher man ketch him fraid counta de way de oman was a play bapsi kaisico wid all de electric pole-dem an odder motor vehicle pon de road! An him had was to teck him life eena him han an jump outa de car lef her! Massi, me massa! Po ting!

Newspaper seh dat-deh oman spen so much money pon drivin lesson dat, when at last she pass de drivin tes, she never got no money lef fi buy motor car wid. Mmmm.

Aunty Roachy seh dat might be a great blessin in disguise all de same.

But be dat as it may, dat is only one foo-fool driver oman.

Aunty Roachy seh dat, pon de odder han, when yuh teck de case of de Jamaica oman bus-driver who newspaper did seh "was considered by her instructor as above average", yuh mus feel proud. For see it yah now, Puppa! "Above average" mean to seh dat de oman bus driver was better dan plenty a de man eena fi-her drivin class, mmm. Oman driver no piaw-piaw!

But yet, still an for all, whole heap a man drivers deh pon a give oman a bad name an ready fi teck one deggeh case a bad oman drivin an condemn all de good oman drivers-dem. Unfairity!

Das why Aunty Roachy seh dat she glad fi see Insurance Company a "give due regard an credit to all oman drivers in Jamaica". Yes, missis.

Insurance Company a honour de oman bus driver, an dem is goin to honour nuff more oman driver "in the area in which they stand uniquely supreme". Oonoo hear de wud? "Uniquely supreme!" A so Insurance Company seh. Me read it write dung eena black an white.

So man driver gwine haffi teck back dem oman drivers less-countins an admit seh "Marga cow a bull mumma".

Ay ya yie!

Proverbs
☆ Every day bucket go a well, one day be bottom mus drop out.
☆ Marga cow a bull mumma.

24 ∧∧∧∧∧∧∧∧∧∧∧∧∧

Population Exploder

*There is general concern about the population explosion.
But "Everybody attacking de explosion an nobody naw
attack all de exploders-dem!" Aunty Roachy tackles one.*

Listen, no!

What a way de population explosion a cause
disturbance an worrination eena Jamaica nowadays!
Hey! Missis!

My Aunty Roachy seh dat if we was to bring we
mine fi bear pon de baby production too hard, den
we poor brains woulda suffer more explosion dan
de population!

For Aunty Roachy seh dat de odder day when
she was readin some population statistics dat one
man write eena newspaper, her poor brains get so
confuse up dat if she didn read de ting careful over
an over, she woulda swear seh dat de man subtrac
69,000 from 71,000 an get 50,000! Mmmm.

Population bodderation!

Howsomever, de birt control pressure is awn.
Good an proper. An both church ministers an politics
ministers meck up dem mine, an leggo dem voice in
agreement, dat "someting mus be done to spokes de
wheel of de spreadin population increase."

My Aunty Roachy seh dat it sweet her to see dat
mose a de smaddy-dem weh dah shake dem fis eena
population explosion face belongs to de opposite
(male) sex!

An it sweet her becausen seh dat when yuh hear some certain man folks talk you woulda never know seh dat de male sex got anyting fi do wid population explosion! Heh-heh! Everybody attackin de explosion an nobody naw attack all de exploders-dem! Mmmm.

Some people dah meck joke seh dat all over Jamaica all yuh can hear is *boom, boom, boom, boom, boom, boom,* "Mamma, mamma, mamma, mamma, mamma, mamma!" An Aunty Roachy seh she woulda like fi know what happen to "Papa, papa, papa!" An as she seh de wud so, she look hard pon Tata One-stump.

Hear Tata, "What a good ting dat Jamaica wasn a suffer from population explosion bout tirty years ago! For me discover jus las week seh dat me got a married daughter dat study over Englan, an me hope she will adop me in me ole age."

See yah! Aunty Roachy call down Tata One-stump, yuh see, an she tell him seh, "Tata, yuh shoulda heng dung yuh head wid shame anytime yuh member dat daughter, for yuh never ac like no fahder to dat poor gal from de day she born! Yuh never know how she eat, drink, or wear clothes, an if wasn fi de gal mumma side a de family help an ambition she woulda tun eena ragamuffin an a box bout pon street, an she woulda did dead from hungry an malnutrition long time, an yuh wouldn have no daughter fi boas bout an a beg fi adop yuh eena yuh ole age!"

Tata gi out, "Hmmn, a true. Me never did look after dah gal. But look omuch gal pickney puppa dead lef dem from dem bawn! Sposen me did dead?"

Aunty Roachy seh, "But yuh never dead! Yuh is a big trong an hearty man a shirk yuh responsibility as fahder! An now yuh a come boas bout daughter over Englan when yuh didn even treat her as no daughter in Jamaica!"

Heh-hey! Tata One-stump shut up him mout, *pam.*

Aunty Roachy holler, "Yuh ole population exploder yuh!"

Ay ya yie!

25 ∿∿∿∿∿∿∿∿∿∿∿∿

Wife-beatin Bill

On All Fools' Day, the radio programme "Man in the Street" canvasses opinion on the Wife-beating Assessment Bill (1971).

Listen, no!

Yuh did hear de "Man in de Street" yessideh mawnin a ask people what dem tink bout de Wife-beatin Assessment Bill (1971)?

Ah, me chile! Yuh did know seh dat is a Tom Fool Day pranks him wasa play pon dem? Yes, me dear!

No ask if dat wasn a great Tom Fool Day pranks! Ah laugh so till water come a me eye when "Man in de Street" ketch everybody, includin my Aunty Roachy! Mmmm. Not one smaddy did realize seh dat is fool him wasa fool dem up. Puppa!

When "Man in de Street" ask de people-dem pon de street if dem tink dat de new Wife-beatin Assessment Bill should impose a prison sentence of not less than twelve monts pon de wife-beatin man-dem, all de oman-dem holler, "Yes! For man too like beat up oman. An wife-beatin is too prevalent in Jamaica."

Massi, me massa! It look like Jamaica man is really famous fi beat up dem omankine fi true!

But my Aunty Roachy seh dat if wife-beatin is rampant, den de feelins gains wife-beatin is rampanter!

For when "Man in de Street" ask de people-dem pon de street if dem don't tink dat a prison sentence is a bit harsh for wife-beater, all de oman-dem seh, "No! Sen dem go a jail!" doah some a dem tink seh dat de twelve monts might be a lickle tomuch.

But one oman holler, "Twelve monts no nuff! Prison de wife-beatin man-dem fi longer dan dat!"

Aunty Roachy holler, "Prison dem, yes! Lock up de advantage tecker-dem!"

Lawks, sah! De sinting sweet me, fi see how dem teck it serious, yuh see? Whai!

So when "Man in de Street" ask if dem tink dat de proposed Wife-beatin Bill will cut down on the offence of wife-beatin, one man seh dat him doan approve of dat bill at all at all. "It is barbaric, an dere is no necessity to pass such a law. People should fine other means of dealing with such matter."

Aunty Roachy holler, "Fine odder means, no! If dem jail one or two a oonoo, plenty wi stop oman maltreatment. For de mose a de wife-beatin man is coward, an dem only tackle who dem tink weaker dan dem, a oh! Duppy know who fi frighten. Fowl run from hawk but nyam cockroach. So jail de man-dem, for jail stronger dan dem!"

But de part what sweet me cyaan done is when de "Man in de Street" ask dem if dem tink any spouse should inflic more dan three strokes per week pon his wife!

Some a de oman seh dat three strokes not too bad. An when one oman seh dat she woulda settle fi three strokes a week, my Aunty Roachy get herself eena one temper an holler, "Puppa teck de case!

Settle fi three strokes! A it meck a bwoy like Boodoom can a teck him wife Fuffy so meck beatin stick all day long, because po Fuffy did start settle fi three strokes an den it go to three times three an den a hundred an three, so till now Fuffy cyaan count de strokes-dem weh Boodoom a leggo pon her a week time!

"Settle fi three strokes indeed! No man shouldn be able fi lick him wife at all widout Autority lick dem eena prison! Jail him! Lock him up! Put him weh! Dat Wife-beatin Assessment Bill gwine be de popularis law!"

An Aunty Roachy work up herself eena one tizzic dat me haffi shake her an bawl out tell her seh, "Govern yuh temper an calm yuhself! Dem no got no Wife-beatin Assessment Bill. Is pranks 'Man in de street' a play! Today is Tom Fool Day, Bray-lacka-Tom-Fool Day!"

Ay ya yie!

Proverbs

☆ Duppy know who fi frighten.

☆ Fowl run from hawk but nyam cockroach.

26 ∿∿∿∿∿∿∿∿∿∿

Farden Bump

"Out of evil cometh good." Tumpa Garment foils an attempt to steal her husband's wallet and for the first time in her married life has money to spend.

Listen, no!

We got one Jamaican proverb what seh, "No pain, no balm; no macca, no crown." Dat mean, "Out of evil cometh good" — same meanin like "Sun bun washer oman but it dry her wet clothes."

An my Aunty Roachy seh dat she prove it de odder day wid a chile we know name Tumpa Garment an her husban what everybody call Farden Bump because him noted fi meanness.

Yes, my Aunty Roachy seh dat when Farden did jus start courten Tumpa him always teck her fi Sunday evenin walk, wouldn board a bus if yuh pay him. Him woulda walk poor Tumpa from Orange Street to Hope Garden a Sunday evenin time, seh exercise is good fi de constitution. An as poor Tumpa was very married-conscious an Farden woulda always a mention married pon Sunday evenin time, Tumpa woulda grunt an bear de foot predicament an boot sole destruction, mmm.

Well, one Sunday evenin as dem was passin a candy oman name Minty candy bowl, Minty cry out, "Candy, lady! Candy, sar!" An Tumpa seh she feel

79

fi a candy, an her young man tun very stociously to de candy oman an seh, "How do you sell your candies?"

De candy oman seh, "Farden a bump, sar."

Hear de man, "Let this young lady have one." An him hole up him lick-pot-sweet finger fi emphasize seh is only one farden bump him want. Mmmm! One deggeh candy bump him buy gi de gal!

Of course de candy seller spread de story, and from dat day everybody call de bwoy Farden Bump.

Him is a big man now, an married to Tumpa Garment fi plenty-plenty years, but him still tight wid de money. Aunty Roachy seh dat Farden wouldn meck po Tumpa handle a cent fi herself. Everyting she want she haffi carry Farden go show him, an him mighta buy it gi her.

Well, Christmas time, Farden carry Tumpa dung town seh him a go suit her out fi de Christmas, an every store dem go eena an Tumpa point out someting she like an Farden decide fi buy it, him woulda flash out him wallet outa him breas pocket, count him money, an den pay de people-dem.

Dem galang-galang so till one pickpocket bwoy name Plunder ketch sight a dem an decide fi pounce.

So one time as Farden Bump flash out him wallet so, Plunder lean over him shoulder eena de crowd an do so *voops* an grab weh de wallet! Farden bawl out "Tief!", but de crowd was so thick, an everybody start bawl out tief, dat so-so confusion wasa reign.

Den all of a sudden Tumpa Garment spy Plunder eena de crowd a meck fi de door! An, as she know him as a ole puss, she fling out her foot an trip him!

An she an Plunder plunge *boops* to de store floor, an *baps* de wallet fly outa Plunder shirt front!

Tumpa grab up de wallet an put it eena fi-her bosom, an a police drapes up Plunder. An doah him swear seh a no fi-him shirt-front de wallet drop outa, plenty witness was dere to prove it, an is jail fi him.

But Plunder downfall was Tumpa money deliverance. Yes, it turn out good fi Tumpa Garment. For when her husban Farden Bump ask her back fi de wallet, she seh, "It safer wid me," an she pin it awn to one a her basic garment-dem an was able fi finish her shoppin in safety. Yes, missis! Tumpa Garment was spendin her money freely fi de fus time in her married life!

Ah, chile! As Aunty Roachy seh, "'Drought time hard pon marga cane, but it never too late fi a shower a rain.'"

Ay ya yie!

Proverbs
- ☆ No pain, no balm; no macca, no crown
- ☆ Sun bun washer-oman but it dry her wet clothes.
- ☆ Drought time hard pon marga cane, but it never too late fi a shower a rain.

27 ∧∧∧∧∧∧∧∧∧∧∧∧∧∧∧∧∧

Scandal

Both men and women spread scandal, which destroys.
Some "wallow eena scandal like hog eena dutty water."
Aunty Roachy inveighs against rumour-mongering.

Listen, no!

Any a oonoo did hear de "Man in de Street" de
odder mornin a ask people bout scandal?

Well, chile! It sweet me, yuh see, fi hear de man-
dem a seh dat dem believe de oman enjoy talkin
scandal. Yes, mam! De man-dem gwaan like oman
is de only people dat spread scandal! Mmmm.

My Aunty Roachy seh dat nobody deh more
scandalous dan a scandal-mongerin man! For when
man go fi meet togedder an chat one anodder
business an tear up oman reputation, lie-an-story
done!

A de same ting did meck Rufus lick down Stocious
speechless eena de bar one day. Because Stocious
was lookin through de bar window an callin to a
young chile dat was passin pon de street, an when
de chile never notice him him start talk whole heap
a nasty low-rated ting bout her. An when Rufus look
through de window an see de gal who Stocious was
cussin, him seh to Stocious, "Yuh know har?"

An Stocious gi out, "Who doan know har?
Everybody call har 'dem-bwoy gal'! Me know har,
yes! Me no know weh she a form! Up to las night me
carry her go a pictures."

An same time Rufus jam him han eena Stocious collar, an seh, "Pudung lie an teck up tief, Stocious! Dat young oman happen to be my sister, an las night I teck she an my modder to pictures! What yuh have to seh bout dat, Stocious?"

Stocious frighten, yuh see! Him eye pulp outa him head an him put awn a crack smile pon him face an seh, "Is a lickle fun ah was funnin, man. Fun ah meckin. Yuh cyaan teck a joke, Rufus man?"

Rufus seh, "Ah hope you can teck what I gwine gi you, fi stop jokin roun my sister reputation!" An him gi Stocious one bam-bammin, yuh see?

Scandal-mongerin? Wicked, dangerous ting!

Lyin rumour an gossip can mash up people life! Scandal can bring destruction to a nation! Look weh nearly happen to Englan an dem great Conservative Party few years aback!

Ah, chile! Me wish eena me heart dat human beins coulda stop a scandal-mongerin fi true. Dat hear-seh, hear-seh, seh-seh, susu, kas-kas an all dem tings-deh coulda banish from de lan.

But some human beins, yuh know, dem wallow eena scandal like hog eena dutty water! Mmmm. Dem only live fi scandalize! Dem go a tea party an cocktail party fi hear an spread de latis scandal, an when dem cyaan hear no scandal, dem meck up scandal! Dem know what happen to people before de people know bout demself! Dem use dem mout an dem telephone an dem pen fi contaminate people pedigree wid scandal! Yes!

Sometime some people minds tell dem seh dat someting gwine happen, an dem write it down as gospel trut an sen an tell dem frien an fambly over foreign! Dat when Jamaica people see de ting happen, dem people over foreign did know seh dat it happen long time! Yes, dem know it before it happen!

Den as my Aunty Roachy seh, dere is lyin scandal dat is almos de trut! De kine a scandal dat don't really go so but neally go so! Smaddy tink seh dem hear someting dat go so! An dem swear seh dat dem hear seh dat it go so, but it no really go so — yuh know what ah mean! Eh! Dem decide to scandal, yuh see — the neally go so scandal-mongers-dem.

Whai! Dem-deh sort a one is de wuss one!

Yuh know, dem have a sort a people who will seh to yuh, "Now yuh know dat I'm a person don't tell lie, an I don't like talk people business, an I don't repeat dem tings unless I can prove it, but I only hear seh dat Jane seh . . . "

Well, de odder day when a certain oman come to my Aunty wid dat sort a story, she jus seh to her — pounce pon her an seh: "Yuh hear so? Follow 'hear so'!"

> De same smaddy yuh hear-so from
> Gwine spread hear-so pon yuh!
> An dem-deh weh yuh hear-so bout
> Gwine hear-so bout yuh to!
>
> For hear-so no got no bridle!
> All dem rumour weh dah fly
> Spring from idleness an grudgefulness
> An plenty time is lie!

So pudung carry-go-bring-come,
Hear-so, hear-seh, seh-seh, susu!
For yuh carpas gwine be hot
When kas-kas tumble dung pon yuh!"

Ay ya yie!

28 ∿∿∿∿∿∿∿∿∿∿∿

Breas-Feedin

Aunty Roachy promotes breast-feeding.

Listen, no!

Yuh know seh dat we got some foo-fool po-show-great baby parents who deh pon a strain dem pocket a week time fi buy milk an baby food fi feed dem baby pon, an a less-count de greates baby food of all, de mother's milk?

Well, sah! What a ignorancy! Dat come een like when "Braggadosha a meck cockroach go keep dance eena fowl coob". A swap breas-feedin fi pan feedin!

Cho! My Aunty Roachy seh dat she know from high autority an personal experience dat breas-feedin is de bes feedin fi baby. Yes, mam!

Yuh ever watch a baby a get breas-feedin, an see how him lickle han-dem an finger-dem an foot an toes-dem jus curl up wid all de love an joyfulness what de baby get outa breas-feedin? Lawks! Baby cyaan get dat outa glass bottle, nor plastic bottle, a oh!

So is plain to see dat breas-feedin meck de baby-dem healtier an happier, a oh!

Den breas-feedin save money to. Yes, for it no cos de modder nutten extra at all. She only haffi feed her body an she wi able fi feed her baby, yuh see! As easy as dat.

Of course, breas-feedin save time an work. All de time fi wash an bwile baby bottle an mix up baby feedin, yuh save eena breas-feedin. Oh yes, ole time people got a way fi seh dat "If yuh save time, den time wi save yuh to." An talkin bout ole time people, missis, plenty a we ole time smaddy-dem weh still going strong an tallawah grow up pon breas- feedin, mmmmm!

My Aunty Roachy seh dat she can prove it from great autority an personal experience dat a modder should breas-feed her baby for as long as even one year to six months. Yuh can spell de breas-feedin wid some thick cornmeal porridge an orange juice an such delikes.

All dem baby modder who haffi go to work a day time can gi dem baby early mornin breas milk, an whosoever dem lef de baby wid can gi de baby some thick cornmeal porridge roun mid-mornin, bout nine o' clock. An roun middday dem get some orange juice wid soak biscuit mash up eena it. An eena de afternoon, when de modder come back she can gi de baby some more breas milk. An eena evenin time, when de modder a eat her dinner, de baby can get some a whatsoever de modder eatin, mmmm.

Yuh tink a joke me a meck? No, mam. All like if de modder eatin mackerel an banana an callaloo, all she haffi do is jus mix up some a de bwile banana wid a lickle piece a mackerel an lickle callaloo an some callaloo water, an rub dem through a strainer wid a wooden spoon, an gi de baby an see if de baby no lick him mout an gurgle *goo-goo-goo* wid joyfulness. An when night come now, de modder can breas-feed de baby again. Yes, puppa! Dat-deh baby woulda grow strong an healty cyaan done.

So no meck no duppy fool yuh, an pride an prejudice an show-offness dullen yuh senses. Breas-feedin is de bes feedin fi baby. Breas-feedin gi baby stamina, mmmm. Breas-feedin gi baby more stamina dan how jackass corn meck jackass gallop.

> Everybody love pretty lickle baby.
> What a healty an happy baby!
> What yuh feedin dis pretty lickle baby?
> Is breas-feed me breas-feed me baby.
> Breas-feedin is de bes feedin, ah-ha.

Ay ya yie!

Proverbs
☆ Braggadosha meck cockroach go keep dance eena fowl coob.
☆ If yuh save time, time wi save yuh.

29

Pork Parts Deport

Aunty Roachy hopes we do not suffer a pigs-tail short-age, for "Jamaica people is very pigs-tail conscious . . ."

Listen, na!

Oonoo notice how newspaper deh pon a kick up shine bout Pork Parts Deportation? Yes, me dear! Newspaper seh dat whole heap a ton load a pork parts get deport from Jamaica back to weh dem come from, because Autority seh dat "we are producing sufficient pork locally"! Yes, Puppa!

Aunty Roachy seh she sorry fi de smaddy-dem weh did foo-fool nuff fi import up all dem nuff-nuff foreign pig part, for we got one Jamaican proverb what seh "Monkey mus know weh him gwine put him tail before him order trousiz", an dem shoulda fine out how we local pig business tan before dem go start dem foreign pig part importation.

But, pon de nex han, Aunty Roachy a worry up herself seh dat she only hope dat we did meck certain sure dat we got nuff Jamaica pig-tail before we deport back de foreign pig-tail-dem, for we got one Jamaican proverb what seh "Pig never know de use a dem tail so till butcher chop it off", an we mighta fine out seh dat we need de foreign pigs-tail-dem after we done deport dem! Mmmmm.

When yuh realize seh dat it teck one whola big-big pig fi produce one lickle pigs-tail, an yuh remember how Jamaica people is very pigs-tail conscious, den we can be in jeopardy a runnin outa pigs-tail for we stew peas an rice an we rice an peas an we stew beef, an all de hundred an one sinting what we always like fi drop piece a pigs-tail eena fi flavourin. For de pig-tail flavourin is very moreish to we tase!

Howsomever, be dat as it may, Aunty Roachy seh no Jamaica pig cyaan call dem tail dem own, no Jamaica pig-tail no safe nowadays. What a sinting!

Aunty Roachy seh dat Jamaica school pickney soon recite eena school seh:

> Riddle me jig, if yuh los yuh pig
> An doan know weh to fine him,
> Holler an moan, for him gwine come home
> Widout him tail behine him!

Ay ya yie!

Proverbs
- ☆ Monkey mus know weh him gwine put him tail before him order trousiz.
- ☆ Pig never know de use a him tail so till butcher chop it off.

30 〰〰〰〰〰〰〰〰〰
Rent Control

Aunty Roachy welcomes the prospect of rent control, for people have been paying more and more for less and less.

Listen, no!

Oonoo did hear some Autority man pon TV de odder night a chat bout "Rent Control"?

Well missis, my Aunty Roachy holler, "Praises be! 'When john-crow fly too high, him feader drop.' Me no know which part room rent a climb up go, eeh? Puppa! All over Jamaica, rent deh pon a elevate itself high pon poor human beins, and the poorer de smaddy de morer de rent advantage teckin! For all dem smaddy who jus a rent one deggeh room, dem rental work out more by de room dan dem-deh what a rent a whole house! Puppa teck de case! Room rent high, massa!" Mmmm.

Aunty Roachy seh dat once upon a time when sinting raise high dem use to compare it to Parish Church steeple, but nowadays, wid all de skyscrapin omuch-omuch storey buildin-dem what a raise up all over de place, Parish Church steeple no eena nutten when it come to highness again! So it look like seh house rent deh-pon a less-count church steeple an a run-jostle gains all de high rise buildin-dem wid high price rent.

But Aunty Roachy seh dat all de skyscrapin high risin buildin-dem got elevator an escalator an all dem kine a sinting-deh fi help ketch up a dem highness, but what hot her is dat poor human bein pocket no got elevator nor escalator an all dem sinting-deh buil up eena dem fi ketch up a de high price rental raisins, an plenty smaddy a fine it very hard fi raise de money fi pay de raisin up rent.

In such a way dat when de lanlord tell one oman, Streggeh Struggles, seh dat him a go raise her rent, she jus tell him seh dat she woulda tank him kindly if him coulda raise it fi her, for she cyaan raise it fi pay him!

Well, yuh can imagine what happen to her! Mmmm. She sleep outa door dat night sake a rent. Whai!

An lawks, some a de ole house-dem weh some a de lanlord-dem a slap awn whitewash pon an a charge so much high rent fa is so-so cockroach playgrung an chi-chi paradise!

Yes, one oman we know seh dat she haffi deh pon a fight shoulder to shoulder wid duck ants an cockroach eena de two room weh she haffi a pay fifty dollars a mont fa! Puppa teck de case! Fifty dollars a mont fi two rookoo-rookoo termite-mongerin room! Lawks!

Aunty Roachy seh dat is a shame dat so much a de poor tenant-dem haffi deh pon a wage strong warfare gains pestilence eena de ratta refuge-dem what dem call "residence". An a it meck we got one Jamaica song what sing seh:

Some a de room-dem rent out, yuh know,
Is jus like a big ole scorpion depot!
Ef yuh go to bed an doan teck a oath
Middle a de night cockroach cut yuh troat!
Some a de room de way dem so small
Yuh can't even turn inside dem at all!
When yuh want fi tun yuh haffi go outside,
Tun yuh tun an reverse inside!

Ay ya yie!

Proverbs
☆ When john-crow fly too high, him feader drop.

31 ∿∿∿∿∿∿∿∿∿∿
Jumpin Prices

Prices go up and up, and "de consumers-dem a suffer from pain a pocket."

Listen, no!

Oonoo ever hear so much complainin an grumblin an bawlin an hollerin bout cos a livin eena Jamaica yet like nowadays? Mmmm.

Everyweh yuh tun yuh hear bout de jumpin price a food, an de jumpin price a clothes, an de jumpin price a rent, an de jumpin price a dis an de jumpin price a dat!

An my Aunty Roachy seh she no know a which part price a jump go, an she no know if price a jump because someting bite him or someting sweet him, but she woulda like fi warn de jumpin price seh fi mine how him jump! For "When fire set a monkey tail, him seh a cool breeze", a oh! An jumpin sinting got a way fi kin puppa-lick an tumble dung. An woe be unto whosoever it tumble dung pon, a oh!

Autority deh pon a style Jamaica as "developin new nation". "Developin"? Puppa!

My Aunty Roachy seh dat it no look like seh dat-deh wud "developin" gree wid we at all, for a so-so bankruptcy an depression we dah develop. For we cos a livin a run-jostle gains we development, an de high cos a livin a develop faster dan we development can develop! An Autority dah autorize development, but Autority cyaan autorize cos a livin, so cos a livin deh pon a cos we so much dat we fine it hard fi live!

Puppa teck de case! What a riggle! What a rigmarole!

Newspaper a bawl, magazine a bawl, radio an TV a bawl, housewife a holler, bread-winner a holler. Massi me massa! So-so bawlin an hollerin a gwaan — we is a real chi-chi bud nation!

We haffi "teck bad sinting meck laugh". For up to de merchant-dem a bawl now! For newspaper seh dat de traders-dem seh dat "they are sufferin from the raisin cost of the product to sell, and the difficulty of getting the product to sell is making commercial life a big headache for them, the traders."

My Aunty Roachy seh dat if de trader-dem a got headache, what dem tink de consumers-dem a got?

My Aunty Roachy seh dat de traders shoulda glad dat dem only a suffer from headache. For drugstore got een whole heap a aspirin an nuff more pill eena bottle fi ease dem pain a head, but de consumers-dem a suffer from pain a pocket through strain a pocket, an no pill no eena no drugstore nor no doctor shop fi ease no pain a pocket, a oh!

So my Aunty Roachy seh it would behoves Autority fi leggo dem autority pon cos a livin jumpin prices-dem, for we got one Jamaican proverb what seh, "When john-crow fly too high, him feader-dem drop." An "Doah yuh cyaan stop flyin crow feader from drop, yuh can hinder crow from meck nes pon yuh head top."

Ay ya yie!

Proverbs

☆ When john-crow fly too high, him feader-dem drop.

☆ Doah yuh cyaan stop flyin crow feader from drop, yuh can hinder crow from meck nes pon yuh head top.

32 ∧∧∧∧∧∧∧∧∧∧∧∧

Bogus Shortages

Goods which had been in short supply reappear after price increases. Aunty Roachy is indignant.

Listen, no!

Oonoo hear how all de shortage sinting-dem come back wid raise-up price? Mmmm.

Well missis, de gal Mouta run eena Aunty Roachy yard yessideh pon one big alarm, an holler, "Lawks, Miss Roachy, supermarket shelf full up a raise-up price food, mmm. Supermarket shelf heaby tedeh wid all de raise-up price sinting-dem, an everybody what got de money can jus walks eena shop an pick up cake soap an soap powder as dem like. Dem got Milo fi stone dawg, Ovaltine fi stone dawg, green tea fi stone dawg . . . "

Aunty Roachy holler, "Den meck dem teck it stone dawg, no! Meck dem teck it stone dawg! Ah tell yuh, Mouta, if it wasn fi de sake a de breddas an sisters-dem what haffi work fi dem-deh sinting industry an rely pon dem-deh sinting meckin fi raise a bread fi dem an dem fambly, yuh see, all like a me yuh see yah woulda cut me eye pass supermarket shelf wid all dem wagga-wagga Milo an warra-warra raise-up price sinting, an meck dem tan deh lidung deh so till junjo grow pon dem, a oh! Dem woulda haffi teck dem stone dawg fi true."

Hear de gal Edge-up, "Well, me haffi really gree wid Miss Roachy dis time pon dat point when me teck tought to all dem weeks an days when poor people tongue wasa heng outa dem head an dem wasa pant like dawg, sake a food shortage sufferins, an now it woulda look a kine a way like seh dere was no food shortage at all at all, it was only a high price shortage!"

Rufus holler, "Wisdom, sister! Wisdom! For lo an behole, as de price a food stuff raise up so *baps*, dem food shortage swips weh *wips*, an de food store shelf-dem full up wid de selfsame sinting-dem weh did a lick we shut wid shortage!"

Aunty Roachy seh, "See it deh now! So anybody weh have wagga-wagga money now fi go buy up de wagga-wagga sinting-dem wagga-wagga can leggo shortage pon we again!"

De gal Dim-dim buss out a laugh, an seh, "Eh, eh, eh! Den dem smaddy weh like meck prediction wi start meck prediction seh famine a go leggo pon de lan!"

Aunty Roachy seh, "Dem better pudung pre-diction an teck up production. For de puss done gallop outa de bag aready, an it is plain to see how tory go. So all a we got qualification fi meck prediction now, a oh!"

Same time de whole a we look pon one anodder an buss out a laugh.

For we member de time when Aunty Roachy did got one wayward nephew Soakey who did always like walk street late a night time an come home all hours a mawnin, an Aunty Roachy always a meck prediction seh dat one night, one night, duppy gwine box dung Soakey an dat might be de end a him.

But Soakey never pay Aunty Roachy no mine, an him galang-galang wid him wayward ways so till one dark night Aunty Roachy wrap up herself eena one white-white sheet an hide backa one breadfruit tree eena de yard, an as Soakey stagger through de gate Aunty Roachy jump in front a him eena her duppy disguise, fling out her han an holler eena one duppy voice, "Vaa vee duppee boxee dungee Soakee!"

But instead a Soakey run from de duppy, Soakey double him fis an gi de duppy a ugly tump, yuh see!

Po Aunty Roachy so frighten she haul off de sheet an fling it weh, an holler, "No tump me, Soakey! A me, yuh aunty!"

Ah bwoy! "Duppy know who fi frighten."
Ay ya yie!

Proverbs
☆ Duppy know who fi frighten.

33 ∿∿∿∿∿∿∿∿∿∿∿

Uncontrollable Beef Price

Beef is scarce and very expensive. Aunty Roachy starts eating vegetarian. But there are people who will go anywhere for a piece of beef, whatever the price, whatever the quality. Profiteering thrives, and every animal senses danger.

Listen, no!

Is what beef price out fi do wid we, eeh sah?

Tawp! Fresh beef scarcity still deh pon a put market outa business an a maltreat beef eaters' appetite, yuh know sah? Lawks!

My Aunty Roachy seh dat she did feel sorry fi some a de beef stall-dem de odder day. For instead a put out beef pon dem counter, dem haffi a put out sign seh "Sorry, no beef here today. Please bear with us!"

Poor ting-dem! "Please bear with us!"

Aunty Roachy seh she no only bear wid dem but she a bear up fi-her appetite wid vegetarian food eatin. Mmmm.

Aunty Roachy got some fambly who cook up tomatis an garden egg an chocho an callaloo an all dem sinting-deh sweet like any meat, wid gravy an everyting, an it eat nice wid rice an peas an crush pitata an all dat. Yes, mam! Dem can all fix up de vegetable meck it favour chicken an turkey an roas beef an roas pork an leg a mutton, an when yuh eat it yuh lick yuh finger an doan miss no beef at all at all.

So Aunty Roachy seh she naw go teck herself meck no victim to no beef cravins, for she no know weh beef a gwaan wid wid him uncontrollable price. Is mussa jus because beef know seh dat we got tomuch uncontrollable beef-chested smaddy eena Jamaica who a gwaan like dem cyaan live widout beef, an jus a walk bout an a drive bout town wid dem tongue a long outa dem head an dem nose cock up like when hungry dawg smell farmer bickle, an a try fi scent out any lickle hole an corner butcher who willin fi drop a lickle piece a reggeh-reggeh meat pon dem at whatsoever unconscionable price de beef shop-dem waan ask fi any reggeh-reggeh meat. Cho! Dat bad!

An a no lie Aunty Roachy a tell, for she seh dat she know some people who meck dem belly an dem beef cravins rule dem conscience an dem pocket in such a way dat dem woulda pay any unlawful price fi de piece a beef steak an rib roas an all dem sinting-deh. Lawks!

Aunty Roachy seh dat a dem-deh kine a people dat meck samfie flourish. For she hear seh dat excess profiteerin is very prevalent eena dem-yah price advantage teckin days. An in fac, no kine a animal at all doan escape at all, a oh! Dawg-oh, puss-oh, not safe from de back door beef merchant-dem!

But, as ole time people use to seh, "Pepper bun hot, but it good fi curry." For, counta de beef price outa-orderness, all de outa-order stray dawg-dem what usually a bark an meck noise eena people aise-hole a night time deh pon a ketch dem fraid nowadays an a meck demself scarce, less dem en up eena stew pot an soup bowl an all dem tings. Mmmmm.

For Aunty Roachy seh dat dere was a certain big bareface rat what always walks eena fi-her dinin room a night time an stare pon her bole an brassy like him get invitation to dinner, an all de trap she set fi him she couldn ketch him, but since beef price she no hear queak nor quawk outa him! De facety rat mussa fraid seh dat she gwine butcher him! Eh-eh! What a crosses fi my po Aunty Roachy go tun mus-mus butcher eena her ole age, counta uncontrollable beef price!

Ay ya yie!

Proverbs
☆ Pepper bun hot, but it good fi curry.

34 〜〜〜〜〜〜〜〜〜〜〜

Roots Food

Because of austerity, there is increased demand in Jamaica for locally produced food. Aunty Roachy celebrates.

Listen, no!

We got one Jamaican proverb what seh, "When breeze blow fowl feader, yuh fine out seh fowl got skin." An my Aunty Roachy seh is a true wud. For since austerity preckeh teck Jamaica, dem member seh dem grung food got nutrition backative. Yes, missis!

Newspaper seh, "The demand for local foodstuff — yam, coco, cassava, etc — has now gone up considerably, by twenty-five per cent; which shows that a large number of people are now demanding locally produced food."

Yes, me bredda! See it deh now, Puppa! Jamaica grung food buck a good foot, an dem smaddy who always a cuss yam an coco an call dem quashie stamina deh pon a tun grung food gormandizer. Mmmm. A so it go!

Aunty Roachy seh once upon a time Jamaica people always use yam as cuss wud. When smaddy head big, dem always call dem "yam head"; an if smaddy foot outa shape an no look good, dem cuss dem seh dat dem got "yam foot", or seh dat dem foot favour when yam grow gains rockstone. Mmmm.

But "Man no dead, no call him duppy." Mmmm. "When kitchen dresser tumble dung, marga dog laugh." An now foreign-import food bannin, yam an coco an such delikes Jamaica soul food deh pon a kin dem teet eena breakfas, lunch an dinner plate all over Jamaica. An nuff smaddy deh pon a buss dem brains fi fine out all kine a different-different ways fi cook up Jamaica food nice.

Yes, daughter! Nowadays nuff smaddy kip awn a chat bout yam pie, yam fritters, fry breadfruit an coco toas, banana chips, cassava flour an cassava bammy.

Ah seh "bammy"! Puppa, teck de case! Me member when de counter flour crosses did leggo pon Jamaica, how one piece a bammy consciousness buckle hole Jamaica people, yuh see, missis! Mmmm. Nuff smaddy appetite did go pon big bammy spree an bammy jamboree! Some wasa walk foot an some a drive car, from supermarket to open market, an some wasa travel as far as Ole Harbour an Westmorelan a search fi bammy fi buy!

An not a bammy in sight. For all de bammy meckers-dem wasa teck care a fi-dem frien an family an dem distric customers-dem firs of all, so no bammy never lef fi no stranger smaddy fi get from dem bammy conscience place-deh, a oh!

An as fi cassava! Massi, me massa! Me hear seh all de cassava root-dem wasa suffer terrible cutlass invasion! People wasa dig up marga cassava, fluxy cassava. All kine a cassava wasa suffer mortar poundin and grater rubbins an presser pressins, fi meet de bammy demandins.

My Aunty Roachy seh dat is a wonder we never suffer woeful starch shortage, counta de bammy popularity. Mmmm.

But "No pain, no balm; no macca, no crown". Economic crisis commotion cause soul food promotion. Nuff big shot smaddy deh pon a seh dat de crisis show us dat "Jamaica can switch from imported food to eating local tubers." Dat mean roots food like:

> Yellow yam, sweet yam, yampie, pitata,
> Coco, cassava, breadfruit,
> Banana, banana, banana!

Ay ya yie!

Proverbs
- ☆ When breeze blow fowl feader, yuh fine out seh fowl got skin.
- ☆ Man no dead, no call him duppy.
- ☆ When kitchen dresser tumble dung, marga dog laugh.
- ☆ No pain, no balm; no macca, no crown.

35 〰〰〰〰〰〰〰〰〰〰〰

Jamaica Hazards

Broadcast in June 1966. Considered a hazard to health, the shacks of squatters have been bulldozed. In the opinion of Aunty Roachy, "unmerciful bulldozin is a hazard-creatin sinting", and there are many hazards not being tackled.

Listen, no!

What a heavy rain a fall! Two days an nights a rain fall!

Las night me lie dung eena me bed an listen to de rain, an me mine run pon de Squatters' Row people, how tings mussa hard wid dem eena dis kine a weader. An den me mine run pon de dry weader courthouse a Half Way Tree. Ah seh to meself "When dawg back full a flea, him shouldn cuss cow chigger foot", an if yuh have cocobeh how yuh gwine cuss bull frog crusty skin? Ee-hee.

Me cyaan understan how come Corporation can give squatters notice because "condition at de settlement constitute health hazard" when, eena almost de same breat an de nex day newspaper, magistrate haffi adjourn court because, ascordin to one solicitor, "Dis situation is indeed shocking. De courtroom is in danger."

An yes, mam! Dese very wud was said up a Half Way Tree No.2 Court de odder day. Me read it wid me own two eyes eena newspaper.

One solicitor seh dat when rain fall we woulda think seh dem a hole court eena swimmin pool! Mmmm. Under dem-deh condition, when rain come all de court autorities-dem mus suffer from cramps. An if judge cramp up, den justice don't have no chance! Dry weader courthouse. "No matter how you step and step wid care, *putto putto putto* is all you hear."

Mark, oh! Me naw gi squatters right fi live under unsanitary healt hazard condition. But ascordin to my Aunty Roachy, squatters is poor muffeena, dem cyaan do better, else dem wouldn squat!

But Corporation can do better, much better dan squatters. So "If yuh can do better, yuh mus do better." An if Autority can allow dem court magistrate eena Corporate Area fi suffer hazard, dem shouldn be so hard pon squatters fi allow dem own hazard sufferins, yuh see. "If yuh a walk barefoot, yuh mustn fas wid macca."

My Aunty Roachy seh dat she no believe dat yuh can cure one hazard by creatin anodder hazard. An to fi-her foolish way of thinkin, unmerciful bulldozin is a hazard-creatin sinting. Ah doan mean to go eena de guts a dat no more.

Mark oh! Me naw gi nobody right or wrong, oh! But me agree wid me Aunty Roachy when she seh dat a no squatters one got hazard.

Right now we got a dangerous road hazard fi encounter wid every day from de time a Flora rain flood. Yes, mam! From three year aback, Flora rain attack we river road wid a dreadful bruck-weh, bruck it in two wid a awful chastisin, jussa threaten fi haul in an devour every passer-by — man, oman an chile — an is hundreds a smaddy use dat-deh road daily.

Ah, chile! Well, few days after Flora rain, de KSAC come look pon de road predicament, an dem shake dem head an groan terrible an seh, "Someting mus be done." An me shake my head an groan, an tell dem tanks. Corporation seh I was welcome, an shake dem head again, mmm.

Plenty head shakin was goin on, but if me did keep on shake head ah woulda be sufferin from bad St Vitus dance by now. For de road is still a hazard. Though, when me see dat dem naw do nutten but shake dem head, me try help meself an de res a me neighbours by diggin eena me lan an ketchin what de mason man call a temporal wall. But every time me drive over de spot me heart jump eena me mout an a prayer full up me soul, for ah know de chance ah teckin, especially eena rainy time.

One time Corporation come raise me hope, seh dem a go buil wall fi ketch back de road.

Whole heap a man wid pickaxe an shovel an stone an cement come. An when dem lef, few days after, yuh have fi strain yuh neck fi see de lickle beeny stone monument a keep de river bottom company. An das all an all.

Me still a teck chances over fi-me temporal wall, an de lan kip awn a bruck weh day by day because Corporation wall cyaan function. An fi-we hazard is great, eh-eh, missis!

An dere is so much hazard aroun Jamaica dat my Aunty Roachy seh dat is a pity we cyaan gadder up all de hazard-dem over Jamaica, includin de dry weader courthouse, an carry dem go outa Squatters' Row.

Den Autority mighta teck dem bulldozer an bounce weh hazard fi good.

Ay ya yie!

Proverbs

☆ When dawg back full a flea, him shouldn cuss chigger foot.
☆ If yuh got cocobeh, yuh nuffi cuss bull frog skin.
☆ If yuh can do better, den yuh mus do better.
☆ If yuh a walk barefoot, yuh mustn fas wid macca.

36 ∿∿∿∿∿∿∿∿∿∿∿

Cross Roads Traffic

Cross Roads has been transformed by traffic lights and a bewildering one-way system.

Listen, no!

Oonoo notice how Cross Roads cross up wid traffic islans an traffic light? Puppa! Everyweh yuh tun outa Cross Roads, yuh buck up pon "No Right Turn" signs an "Keep Lef" signs an nuff-nuff one-way parangles dese days.

Yes, Massa! One-way a raise dickans outa Cross Roads in such a way dat plenty drivers cyaan fine dem way fi know which way fi tun outa Cross Roads! Lawks!

If yuh drive dung, yuh cyaan tun pon Half Way Tree Road from Cross Roads, so if yuh figat fi tun off before yuh reach Cross Roads, yuh eena worries, an yuh haffi go dung pass Cross Roads an try tun awn a side road dat is not a one-way road an den fine a goin up road dat is not a one-way dung road an go back up pass Cross Roads, an den fine a road topside Cross Roads dat is a rightful one-way road dat lead back to Half Way Tree Road. Mmmm.

If yuh no mine sharp, yuh loss cyaan fine! Mmmm.

My Aunty Roachy seh dat a now Cross Roads really name Cross Roads fi true!

Aunty Roachy seh "No pain, no balm; no macca, no crown" — nutten never happen before de time —an she glad fi see dat Cross Roads luck come at las, an fi see how Cross Roads a prosper an a flourish wid traffic light nowadays. Mmmm.

Traffic light to de right, traffic light to de lef, an traffic light eena front, an traffic light back a back! Massi, me massa! Me never know we live fi see poor ole Cross Roads full up wid so much new fashion traffic system.

But as ole people use to seh, "Man no dead, no call him duppy."

For once upon a time it did look like seh dat traffic light an any modern traffic control sinting at all was a keep malice wid Cross Roads. For all when de odder important busy traffic-conscious Kingston roads-dem wasa pose wid traffic light pon dem, poor Cross Roads did still a struggle awn wid him lickle coob eena de middle a de road an de coob-up policeman a wave him han frantic out deh.

But mark oh! De traffic cop-dem had was fi do dem duty good outa Cross Roads centre, an roun twelve o' clock a day time when traffic conjes up —car an truck an bus, bicycle an motor cycle an walk-foot smaddy, mmm — yuh couldn cross de road outa Cross Roads!

But "No care how teacher cross, school boun fi gi recess."

An now Cross Roads dress up pretty-pretty wid traffic light! Lickle bit a Cross Roads got more traffic light dan de whole a de long-long Hope Road put togedder! Dat good. Dat nice fi Cross Roads.

111

But, pon de odder han, "When jackass back strong, dem overload him hamper." An when power-cut strike traffic light, is crosses outa Cross Roads!

So Aunty Roachy seh, "Man no done cross ribber nuffi cuss alligator long mout long." An doah dem move weh de police coob from Cross Roads, dem better no move weh de policeman altogedder, for when power-cut an Cross Roads cross-uppin buck up, we glad dat we got a traffic cop fi . . .

> Raise him han an meck de bus stop *bram*,
> An de motor car an de motor bike-dem hole
> dem brakes so, *zam*,
> An fi tell de walk-foot people dem, "Move
> awn! Move awn!"

Ay ya yie!

Proverbs

☆ No pain, no balm; no macca, no crown.

☆ Man no dead, no call him duppy.

☆ No care how teacher cross, school boun fi gi recess.

☆ When jackass back strong, dem overload him hamper.

☆ Man no done cross ribber nuffi cuss alligator long mout long.

37 ∿∿∿∿∿∿∿∿∿∿

Telephone

Aunty Roachy complains that the service is inadequate.

Listen, na!

When my Aunty Roachy see one headline eena newspaper de odder day seh "Telephone Company Strike Ends", yuh see, Aunty Roachy buss out a laugh an seh, "Cho! What de use a dat-deh strike? Dem might as well strike forever, for de telephone people-dem doan got no control over de unconscionable carryin-awns a de telephone sinting-dem. For when de telephone people-dem a work, de telephone sinting-dem a strike. An when de telephone people-dem deh pon strike, de public is no worse off. So de people-dem might as well no bodder strike, as far as de public is concern, a oh!

"For dat-deh telephone sinting weh somuch people pay so much money fi put eena dem house is a very croomoojin an back-settin wicked sinting, an yuh never can tell when it gwine let yuh dung, specially up which part me live. Yes, massa! We is all telephone victim! Mmmmm."

A so Aunty Roachy seh, an we gree wid her.

For yuh know how long Jamaica people deh pon a trus telephone fi gi dem good service, an a pay dem telephone bill wid de hope fi telephone betteration, but all we get is so-so telephone badderation lick we same way?

We grunt an bear it, an we keep awn a trus telephone. But telephone never trus Jamaica people one day! Oh no, sar! As we late wid we telephone bills payin so, *bram*, telephone cut off pon we! Discontinue him non-service, an ready fi haul himself outa we house an office so tell we pay fi reconnec de bad connection!

But Jamaica people still hang awn to de hope dat one day, one day, we gwine able fi phone we house from foreign an fine out if we frien an family sick an decrepit ole generation-dem all right, widouten got foreign operator a tell we seh dat we home telephone dah ring widout an answer, when we know dat all we generation-dem deh home but Jamaica telephone gone pon dial toneless spree again widout a beg yuh pardon! Mmmm.

Yuh know omuch Jamaican people no able fi tan a dem yard do dem home duties, an haffi run lef dem pot pon fire an travel miles away jus fi go fine out someting what one telephone dial tone coulda meck dem know?

An yet, still an for all, people deh pon a trus telephone fi gi dem better service. Lawks!

Aunty Roachy seh, "Is time telephone start fi trus Jamaica people. After all, 'Han go, packy come.' Mmmm. Is time fi telephone seh to Jamaica people, 'Doan pay no more bill so till yuh get good service.' Is time telephone start work hard fi leggo dial tone an right connection pon Jamaica people, for a over tirty years now dat we dat got telephone bad service sufferation!"

An Aunty Roachy start recite one poem what did write eena newspaper from 1947 name "De Public an de Phone", seh:

Non-connection an confusion!
De public no satisfy.
Dem go meck complain bout phone,
Telephone tell dem seh dem lie!

But some servant can gwaan rude to
Dem employer, eeh Miss Vie?
Hear how telephone a tun roun tell
De public seh dem lie!

Is a hot wud dat, yuh know, mam!
It mus bun yuh, yes! But aie!
Fi smaddy write it big eena
Newspaper seh yuh lie!

After dem meck yuh pay all through
Yuh aise-hole an yuh eye,
Dem gi yuh wrong connection an
Dem tell yuh seh yuh lie!

Me hooda like fi trash i out.
Yes, mah! Me haffi try
Fi fine out if a public or
A phone a tell de lie!

But me cyaan split de difference now
An me cyaan crack de bone,
Me cyaan gi de public right or wrong
For me no got no phone!

For years now dem a promise an
Fi years now me dah try,
An me cyaan raise a phone yet, an
Phone cyaan seh dat is lie!

Dem put me off an put me off, an
Is not me alone,
So me tink eena me heart an seh
Sinting mussa wrong wid phone.

But dat is only guesswork, an
Me no feel satisfy.
Me haffi get a phone an fine out
Who dah tell de lie!

Ay ya yie!

Proverb
☆ Han go, packy come.

38 ∿∿∿∿∿∿∿∿∿∿∿

Work Time

Aunty Roachy extols the dignity of labour. In her opinion, "no work is menial."

Listen, no!

A wonder if oonoo know seh dat we got some plenty wrong-conscious Jamaica people who tink seh dat dem only fi show off dem labour pon Labour Day, but all dem do is knock sofly pon Labour Day and cut dem eye pon hard work fi de balance a de year? Cho!

My Aunty Roachy seh dat is time we done wid dat deh kine a carryin-awns an realize seh we haffi settle dung to work. Mmmm. We haffi cut we eye pon idleness, samfyin an racketeerin an all dem odder else outa-order an progress low-ratin sinting, an meck up we mine fi work, a oh! "Work no bad, but man eye coward." Mmmm.

Some smaddy jus fraid a work, cyaan bear hear de wud "work" and ready fi prejudice dem mine gains work an call some work menial an dutty work, an call some work clean an high class.

But my Aunty Roachy seh dat she seh it aready an she wi seh it again an again, dat — to fi-her foolish way of tinkin — no work no menial. For if yuh do yuh work good, den yuh can demands good pay fi yuh good work. An if yuh can demands good pay, den yuh work cyaan be menial.

Aunty Roachy seh she believe eena de Jamaican proverb what seh "Teck what yuh get so get what yuh want". For she know plenty big time lawyer an doctors an business-man an all dem high class people-deh who did start dig grung an carry message an wash plate an drive donkey cart an all dem sinting-deh before dem did able fi tun lawyer an doctor an big shot, a oh!

So if a bwoy really want fi tun a skilled tradesman an willin fi work fi it, den nutten no wrong if him do unskilled tradesman work so till him able fi ketch up a skilled tradesman, a oh! But if him siddung an doan do no work at all, den him is in jeopardy a tun skilled no-worker, an dat time preckeh a go pick up him an him family an him country.

Aunty Roachy seh dat she cyaan figat one bwoy who did tink dat taxi drivin was easier dan farmin, so him lef him pitata fiel a country an come a town seh him want learn fi drive taxi. An de day when him get him taxi license, him jump fi joy. But when him start drive roun town an buck up pon traffic jam an careless road-walkers an odder else hog-thomas drivers, de po bwoy realize seh dat taxi drivin not so easy after all!

An den one day him taxi drop eena one woeful pothole, an bruck de universal joint an nearly bruck him back fi life. An Back-back jump outa de bruck dung taxi an open him mout wide an holler:

> Bring me halfa hoe come gimme yah,
> Bring me half a hoe come gimme yah,

Me no waan drive no more car, me waan
   plant pitata,
Me waan go home fi plant pitata.

Ay ya yie!

Proverbs
☆ Work no bad, but man eye coward.
☆ Teck what yuh get so get what yuh want.

39 〰〰〰〰〰〰〰〰〰

Paraplegic

Aunty Roachy praises paraplegic athletes, contrasting them with able-bodied malingerers.

Listen, no!

Oonoo hear bout Jamaica paraplegic athletes-dem performance over Israel de odder day?

Lawks, missis! It meck me heart waan buss wid pride fi see de honour an glory what dem paraplegic bring to Jamaica eena sports. Three gold medal, one silver medal an one bronze medal dem win. Dat would be a great ting fi any athletes, much more fi paraplegic-dem who cyaan walk an haffi move bout eena wheelchair.

When Aunty Roachy hear de sinting, a whole heap a big wud fly outa her mout. She holler, "Magnificent! Wonderful! Excellent!"

Koo yah! Aunty Roachy drop English wud pon paraplegic performance eena games! Aunty Roachy seh dat dem paraplegic demonstrate de well deservin Jamaican proverb what seh, "Teck what yuh get so get what yuh want." Mmmm.

Dem teck dem handicap so meck demself into athletes. Dat great.

Dem people doan siddung an feel sorry fi demself, nor beg nobody fi sorry fi dem. Dem doan siddung an brood pon dem misfortune, but dem demonstrate an show de worl what is fortune, an dem develop dem courage an dem braveness eena stamina. Mmmm.

Jus tink of it, how dem paralyse people got spunk an de spirit fi compete eena weight-liftin contes, javelin throwin contes, swimmin contes, an not only compete but win medal an bruck swimmin contes record! An a strong wutless good-fi- nutten bwoy like Frowsy wouldn go near water! A keep malice wid water. Him generation got a hard time fi get him fi bathe, much more fi swim!

Yuh know omuch big strong healty smaddy deh pon a fine all kine a excuse fi tun idlers an parasite? Lawks!

It gripe me when ah tink pon a gal like So-so who get a house work, an as she lan eena de people-dem place so, she roll up her sleeve an show de oman her vaccination mark an start tell her how from she get de vaccination it did bruck out eena sore an even doah it well up now her right han is hardly any use to her, so de oman mustn give her any hard work fi do, for she cyaan stan pain!

Cyaan stan pain! I woulda like comfort her wid de paraplegic people-dem, an meck her see what some people haffi stan, an show her what dem people can do even doah dem cyaan stan up at all. Ah, chile!

Aunty Roachy seh when her mine run pon a big strappin bwoy like Papsy who wouldn even play game a school because him seh him mumma seh dat she no want no bat an ball fi go injury any part a her one bwoy pickney.

Papsy grow so fenky-fenky dat smaddy get a

work fi him fi lif up parcel dung a post office de odder day an all him wasa do dung deh is contribute to de snail mail problem, for every time him go a de parcel vault wid de odder parcel carrier bwoys-dem, Papsy woulda look fi de lightes parcel an ˈcarry dem one at a time, so dat sometime him teck one whole day fi carry three lickle parcel!

An den one day when a man jus seh to him, "Hi, fellow! Why yuh cyaan carry two parcel one time? Someting happen to one a yuh han-dem?" same time Papsy get bex an holler, ""No teck no liberty wid me, man! Look what I come to, fi a carry parcel fi me livin! Me cyaan teck it no more, yaw, sah!" An him buss out a cry an fling dung de parcel, an lef de work.

Ah, chile! "Back a scorn ole shut, but ole shut woan strive fi get jacket."

Ay ya yie!

Proverbs
☆ Teck what yuh get so get what yuh want.
☆ Back a scorn ole shut, but ole shut woan strive fi get jacket.

40 〰〰〰〰〰〰〰〰〰〰

Farm Allergy

Jamaicans turn away from agriculture. In Aunty Roachy's view, the problem is not so much idle land as idle people. She would prosecute the land-deserters and "sentence dem back to de lan."

Listen, no!

Oonoo see one big headline eena newspaper dis morning bout how Jamaica Government may have to import farm labour?

Koo yah! What a crosses! Newspaper headline seh "Jamaica people is becomin allergic to agriculture work." Puppa teck de case!

My Aunty Roachy run go look fi her dictionary an look up de word "allergic", an dictionary seh it mean "easily offended, easily disturbed, touchy". Koo yah, Lawd! Jamaica people disturbed an offended an touchy over agriculture work?

So what wid all de unemployment problem eena Jamaica, an so much people a holler bout how dem cyaan get work fi do, yet, still and for all, Jamaica Government might haffi go import dung farm labour! Massi, me massa! What a allergy!

But my Aunty Roachy seh dat she coulda did tell Autority bout dis-yah allergy long time. From de time Autority wasa shoot off dem mout an a meck big speech bout "puttin idle lans into productive use", she did seh dat is very hard fi Autority a bran lan as idle.

For if yuh idle dat mean seh yuh naw work, eider because yuh cyaan get work fi do or yuh doan like fi work so yuh refuse fi work. An after all, lan cyaan work himself, human bein haffi work lan before lan can work fi human bein!

So den it look like seh dat is idle human bein-dem dat deh pon a gi lan bad name an a cause Autority fi call lan idle. So lan mus feel dat is a very unconscionable demands dat Autority meck pon lan, an is a advantage fi a cuss sinting idle an meck it look like it wutless because it cyaan help itself.

Dat is like cussin a new-born baby wutless because him cyaan feed himself. Dat is wuss dan cruelty to animal an young pickney! Lan mus got a grievance bout dat!

An den my Aunty Roachy feel sorry fi Autority to, because dem deh pon a judge de idleness a de lan by de bigness a de lan, an no see seh dat dem got a whole heap a lickle-lickle idle lan all over Jamaica dat if dem shoulda add dem up dem woulda come up to more dan de big lans-dem, an whole heap a lickle-lickle lan owners who run weh lef dem banana root an dem coffee walk an dem yam hill an dem cane piece fi widdered up from desertion a country while dem deh a town a add to Kingston employment problem an crawl-yard overcrowdins an squatters' lan capturin.

An nuff a dem a tun courthouse plague an prison cell customers, because dem tink seh agriculture is grung work an grung work too hard fi dem fi do, an dem no waan fi dutty up dem han eena dirt, an dem tink seh dat is better fi tun unlawful Kingston law-breakers dan deestant country farmers, an meck newspaper haffi a talk bout "Government mighta haffi import labour to Jamaica"!

Import labour! Import from which part? If ah laugh ah buss up!

My Aunty Roachy seh dat a so-so show-offness an braggadosha follow-fashinness Jamaica dah gwaan wid. Because Merica an all dem big country-deh import farm labour, den we haffi import farm labour to!

Koo pon we an all "a play big-no-door an coco head no deh a bankra", po-show great "a put weself eena barrel when matches can hole we"!

My Aunty Roachy seh dat if she was Autority, instead a import any farm labour or set up idle lan commission she woulda form up a "cruelty to agriculture court-house", an drop prosecution pon all de lan deserters-dem, an sentence dem back to de lan, fi learn dem how not to teck offence an get allergic to agriculture.

Ay ya yie!

Proverbs
☆ A play big-no-door an coco head no deh a barrel.
☆ A put weself eena barrel when matches box can hole we.

41 ∧∧∧∧∧∧∧∧∧∧∧∧∧∧

Tief

Thieves look more respectable than formerly. Aunty Roachy foils one in a bank.

Listen, no!

Dem seh "If yuh lib eena glass house yuh mustn fling stone." An my Aunty Roachy seh if yuh gwine tief eena glass house yuh mus look out fi glass wall!

Yuh mustn teck yuh body tun stone fi bruck through glass wall, for when flesh an bone suffer all dem terrible glass an splinter batterins-deh it mus soften up de body an stunted de mind an meck smaddy easy fi police capture!

Well, sah! De sinting sweet me de odder day when ah read bout de tief what follow de oman eena de glass buildin, tief weh her money, den when him wasa meck him getweh through what him tink was a wide open big door, him bruck out through a glass wall an drop eena policeman han, *baps!*

Dat good. Dat should be de outcome of every tiefin tief.

Dem got a proverb seh, "Yuh can hide from tief but yuh cyaan hide from liard." But my Aunty Roachy seh dat nowadays yuh cyaan hide from none a dem, for de liard-dem deh pon a tief people character, an de tief-dem a tief yuh substance. An when yuh mighta fine a few people fi stan up fi yuh character gains de liard-dem, yuh can hardly fine nobody fi help yuh run dung tief an ketch dem, for de tief-dem so brazen an bloodtirsty nowadays dat people fraid a dem.

Once upon a time, a tief was a dutty ragged up man, but nowadays tief dress up go eena bank stan up eena line an sign up form like dem a go draw money, when is odder people money dem a look fi draw weh. Dem watch out fi people who get pay-bill fi pay an all dem big money sinting-deh, an as de people-dem draw dem hundred pounds de tief-dem follow dem an drag it weh from dem.

De odder day my Aunty Roachy go eena one bank, an she notice a certain man a walk from one bank window to de odder wid a whole heap a paper eena him han, an gwaan like him eena hurry fi get heavy business done an a try fi fine a idle cashier fi do it. An same time Aunty Roachy suspec de man.

So after she done draw her money, she put it eena her hanbag an sling de bag over her shoulder an go stan up nex to de man careless-like an start read a newspaper.

An, lo an behole, lickle after she feel de man a sling open her hanbag an teck out her money bag. Aunty Roachy wait so till him put her bag a money eena him pocket an wasa meck fi de bank door, an Aunty Roachy jus cast him wid her umbrella handle an holler, "Tief! Tief! Police!"

Bands a excitement bruck out. Police an soldier run come. De man meck fi get weh, but Aunty Roachy jerk him neck-string wid her umbrella handle, an collar him.

Hear de man wid him brazen self, "De oman mus be mad! Ah doan know what she talkin bout 'tief'!"

Aunty Roachy seh, "Yes, yuh tief!

> From yuh walks eena de bank so
> Me did got a strong belief
> An me mine did pinch me tell me seh
> Yuh come eena yah fi tief.
>
> Catch him! Grab him! Hold him! Search him!
> Ah gwine meck him come to grief!
> Koo me bag eena him pocket!
> What a wicked tiefin tief,
>
> Come slap inside a deestant bank
> A try fi work him head!
> A tiefin tief like dis-yah tief
> Mus tief till him dead!
>
> Tiefness gwine meck him bruck out
> Eena sore, an shake an swell!
> Meck him spen him life a workhouse!
> Meck him spen him soul a hell!"

Ay ya yie!

Proverbs
☆ If yuh lib eena glass house yuh mustn fling stone.
☆ Yuh can hide from tief but yuh cyaan hide from liard.

42 ∿∿∿∿∿∿∿∿∿∿∿∿

Water Tief

The embarrassment of Spider, caught watering her flowers in secret defiance of water restrictions.

Listen, no!

Drought time deh pon we again, eeh? Yes, me dear!

Water drought an water shortage time come roun again to we lan of wood an water, which part de only water dat is plentyful is sea water, an seawater can't quench thirst!

But as my Aunty Roachy seh, is no use, when de drought time come roun, fi cuss de water supply system an siddung an grumble bout what Autority shoulda do fi prevent drought, for a no only Autority one dat can prevent drought, but we all coulda prevent drought if we was to cultivate consciousness all year round, even when water plentiful, an member seh dat "dutty water can put out fire", an dat "when water trow weh it cyaan pick up back".

People shouldn waste water at no time at all, a oh!

But we got some terrible water wasters an drought less-counters eena Jamaica, who doan care who-fa tongue waan long outa dem head fi a drink a water eena drought time, as long as fi-dem roses red an violets blue. An is dem same type a water wasters

∿∿∿ 129

dat tun water tief eena drought time!

Yes, mam! De water tief-dem wake up soon a mornin before day nowadays fi tief water water dem lawn. Some housin schemes dwellers ketch one gal name Spider red-handed de odder mornin.

De neighbour-dem did got suspicions gains de flourishin condition a Spider grass an roses garden in drought time, an dem use to point finger pon her an whisper, but dem couldn prove her water tiefry. Dem complain to her granfahder who she live wid, an him warn her good an proper not to craft de drought time wid no garden waterin, an one day him hide de water jet from her. But her aise hard, an she purpose an determine.

So dat night Spider put a empty bucket-pan under her window, an bout four o'clock nex mornin she wake up an listen an hear her grampa a draw snore, so she teck time an sofly climb through de window. But as she meck fi jump down eena de yard, she miss her step an kick puppa-lick over de bucket-pan *boongooroong boong*, one dreadful noise eena de soon a mornin!

Ole Soldier — dat is her grampa dem call Ole Soldier — him jump outa him sleep an holler, "What dat?"

Spider teck time pick up de bucket an crawl pon her belly go a de pipe side, an timely open de pipe. All dat time Ole Soldier inside a strain him aise. An him tinks it was a tief — das weh him tell my Aunty Roachy — so him pawn a coocoomacca stick what him always keep a him bedside, an burs through de door.

When Spider see dat, she grab de bucket-pan a water an run wid it go hide backa some arelia bush. Ole Soldier shine him flashlight an see de arelia bush shake, but Spider try fi hole her breat. But same time she sneeze, an Ole Soldier lif up him stick an bring it dung *wap*, right gainst de sneeze.

Spider bawl out, "Whai! Is me, grampa! Is me, jussa tief lickle water fi de roses!"

De neighbour-dem run out, an flashlight start flash, an dere was Spider pon de grung, wringin down wet up, wid de bucket-pan tumble dung side a her, plain for all to behole, an de pipe still runnin water if yuh please!

Wastin water eena drought time! Selfishness!

Well, sah! De neighbour-dem never meck fun fi mout her off. An Ole Soldier shake him head an stamp him foot a grung, an look dung pon Spider an seh, "A yuh! Ah, gal! Behole your wrong-deeds come to light! 'Hard-aise smaddy mus feel shame'!"

Ay ya yie!

Proverbs
☆ Dutty water can put out fire.
☆ When water trow weh it cyaan pick up back.
☆ Hard-aise smaddy mus feel shame.

43

Everybody Business

We must assist the police. It is our duty to help, "fi pitch een an tackle an expose an condemn unlawfulness an outa-orderness of every kind, class an condition."

Listen, no!

Yuh notice how when we hear bout crime wave an all dem tings-deh how plenty a we ready fi jump pon police an accuse dem of not doin dem duty, an complain how police a get pay fi catch criminal an prevent crime an dem shoulda stop violence from run wile? Yes, Missis!

As we hear bout criminal proceedins an such delikes, de firs question dat fly outa we mout is, "Weh de police-dem a do bout it, sah?"

An my Aunty Roachy seh dat not a wrong question fi ask, seein as how de police is suppose to do someting bout it. For is fi-dem special job fi do someting bout it. But, says Aunty Roachy, plenty a we figat dat "one finger cyaan ketch flea", an doah shoes belongs to foot, han still haffi help foot put dem awn!

How much a we, when we see tief a tief an liard a lie, beaters a beat-up, gangsters a shoot dung an wickedness a threaten, how much a we ever ask weself is what we can do bout it?

Ah doah! Too much a we like fi grease we conscience wid de pass-word "Coward man keep soun bone", an figat seh dat "De same mortar pistle what beat fufu wi mash ole oman finger." Mmmm. "Tedeh fi me, tomorrow fi yuh," a oh!

So if we galang siddung a play safe an helpless when tribulation a pick up we one anodder, an tink seh if we play safe we gwine stay safe, we wrong eena dat-deh behaviour, says Aunty Roachy.

All dem who know bout an woan talk bout, only a meck fi-dem carpas hotter when crosses ready fi pick dem up, a oh!

So is everybody duty fi pitch een an tackle an expose an condemn unlawfulness an outa-orderness of every kind, class an condition.

All dem smaddy who keep secret fi pickney delinquent, an a meck fun wid pickney rudeness, an a hide wrongdoers' wrongdoings from repramandins an correction only dah invite tribulation pon demself. Too much a we like fi kibba we mout an bline we eye an tun we back an galang we ways seh we no business. But we business! We boun to business! It gwine meck we fi-it business! One day, one day, oh!

For my Aunty Roachy seh dat she know one oman who was right pon spot eena one day las year when a frien of hers lickle bwoy did hole up an threaten a lickle stranger wid a broken bottle, an teck weh de stranger bwoy orange an sweetie. An when de lickle stranger bwoy buss out a cryin an seh dat him gwine fine de odder bwoy's modder an complain to her, de oman buss out a laugh after him an call him "cry-cry baby" an seh is only a lickle bwoyish pranks de odder fellow was playin pon him, an him mus gwaan him ways an doan tun no tattle-tale bearer pon de bwoy!

Yes! Dat was one day las year bout dis time when dat oman uphole her frien bwoy pickney wrongdoins an laugh. Mmmm.

But she never laugh dis year doah when de selfsame bwoy threaten fi-her gal pickney wid a ratchet knife an tief weh de whole a dem grocery money! She a bawl an holler fi police, an a cuss de bwoy hooligan, an no realize seh dat a she help fi encourage him eena hooliganism!

As my Aunty Roachy seh to her, "Mmmm, it hot yuh now een? Mmmm. Yuh feel it now because a yuh it happen to! Yuh never business so till it tun yuh business. Ah missis, 'If yuh no squeeze chigger outa chigger-foot, den yuh boun fi en up wid tumpa-foot', a oh!"

Ay ya yie!

Proverbs

☆ If yuh no squeeze chigger outa chigger-foot, den yuh boun fi en up wid tumpa-foot.

44 ∧∧∧∧∧∧∧∧∧∧∧∧∧∧
Police

Aunty Roachy says that "doah we got some wrong-conscious police, yet still and for all, nuff police is brave-hearted peace officers." And a policeman's lot is not a happy one.

Listen, no!

Yuh notice how everyweh yuh tun nowadays, people a leggo tongue pon Police Brutality, an a drop cuss-cuss eena police shut, so till it woulda look a kine a way like seh de latis fashion an style is fi low-rate police pedigree?

Lawks! My Aunty Roachy seh, "Dat hard, eeh?"

Mark oh, Aunty Roachy seh dat she naw uphole no police wrongdoins, but she member seh dat "Alligator lay egg, but him no fowl", so yuh cyaan blame fowl fi alligator blood-thirsty carryin-awns. An after all "A no all duppy tun rollin calf", an doah we got some wrong-conscious police, yet still an for all, nuff police is brave-hearted peace officers. An Aunty Roachy seh das what de public use to call police when she was a lickle pickney: "peace officers".

An dem days, when yuh see a police yuh woulda feel like yuh buck up pon a good frien dat wi protec yuh an keep yuh safe from all harm. Mmmm!

Aunty Roachy seh dat dem days is only criminal use to hate police, but nowadays even pickney a gwaan like seh police is dem enemy, an a call police

"Babylon" an all dem low-rated name-deh. Lawks! "Few rotten mango can pwile de basketful" fi true!

But Aunty Roachy seh dat, yet still an for all, de public nuffi figat seh dat police job was never a easy job from time. For when odder people coulda go to dem bed an sleep a night time, police haffi out a street a keep duty an a suffer cole night breeze an face all kine a danger, so dat de sleepin public can res secure.

An is counta police night duty kippins weh meck so much odder else smaddy is able fi do dem night time duty in peace, a oh! For dem know seh dat when danger threaten dem, dem can call police, an police haffi member seh dat dem is duty boun fi bring to justice anybody dem ketch a commit criminality an vagrancy, even if de criminal an vagrant is dem own modder or fahder or dearly beloved.

Das why police job hard. Police not suppose fi curry favour wid nobody. Police haffi face danger an violence fi defend de public rights.

Tata grunt an seh, "Defend we rights! Look omuch innocent smaddy a get beat up an shoot up? A weh de police-dem deh when dat a happen?"

Aunty Roachy seh, "Police deh someweh else a protec smaddy else! De few police we got cyaan be everyweh de same time when disorderliness a bruck out. Das why dem haffi get soldier fi help dem sometimes. So it woulda behoves we all fi member seh dat 'When man a go mash macca, him haffi put awn big joota-boot.'"

So police lot no easy, a oh!

Aunty Roachy seh dat nuff police wife an pickney mussi a go a bed a night time a fret seh:

> Mark time! Lef! Right! Lef! Right!
> Ketch tief! Flow traffic! Keep de peace!
> Heels in! Toes out! Answer de call
> When we holler, "Police!"
>
> Drive car, ride horse, play music.
> Teck cuss-cuss trong an loud;
> Face gun, get shoot dung in yuh pride
> An meck Jamaica proud!

Ay ya yie!

Proverbs

☆ Alligator lay egg, but him no fowl.
☆ A no all duppy tun rollin calf.
☆ Few rotten mango can pwile de basketful.
☆ When man a go mash macca, him haffi put awn big joota- boot.

45 ᴍᴍᴍᴍᴍᴍᴍᴍᴍᴍᴍᴍ

Autority an Gun Court

Aunty Roachy criticizes people who called for drastic action against crime, then objected to the Gun Court established in 1974.

Listen, no!

We got one Jamaica proverb what seh, "When puss hungry him nyam ratta, but when puss belly full him seh ratta bitter."

An my Aunty Roachy seh dat she dah prove dat-deh proverb-deh now-now eena Jamaica. Yes, mam!

Aunty Roachy seh dat-deh proverb put her in mine a de gun crime bawlers an de gun court criticizers-dem. Mmmm.

For lawks, missis! Few weeks aback when de violence bruck-outins was rampant all over de islan, an every hour pon de hour radio news was full up a gun crime wroughtins pon innocent smaddy, an gunman wasa leggo big fraid an mortal unsafety pon every law-abidin man, oman an pickney, whole heap a Jamaica people wasa call dung wrath an vengeance pon gun criminal, an holler seh dat Autority is too slow to ac, an a demands seh dat Autority mus teck fas action an deliver drastic punishment pon gun criminals fi stop de gun crime wave. An no ask if some a de public suggestion punishment wasn drastic! Puppa!

But lo an behole, no sooner dan Autority start teck fas action an buil up gun court an pass up gun court law so, *baps*, some a dem selfsame smaddy weh did a holler fi drastic punishment an fas action tun roun an start criticize Autority action, seh dat Autority was too eager fi pass law, an Autority gi police tomuch power an gun court is too dread an red an favour concentration camp, an Autority shoulda meck it a temporary emergency detention place instead of meck it permanent.

But as Tata One-stump seh, "How yuh fi teck temporary precaution gains everlastin condition? Yuh can teck sweet powder so cure ole sore? For dere was nutten temporary bout gunman-dem violence actions. Oh no! Dem was demonstratin an proclaimin clear an plain dat gun crime was de only Autority an law of de lan." Mmmm.

So, to fi-him foolish way of tinkin, Tata One-stump seh fi teck temporary action gains a situation like dat is like fi sen a chigger-foot man fi go mash macca.

Aunty Roachy seh, "True wud, Tata. True wud."

An she seh dat Autority an dem gun court put her in mine a how fi-her lovin puppa use to deal wid her waywud bredda when him use to bullyrige an tump-dung him lickle sister an breddas-dem. Him puppa woulda ketch hole a de bad bwoy an seh, "I am a lovin fahder dat love all a me pickney-dem, but I cyaan llow none a dem fi teck advantage a any a dem. So if yuh maltreat yuh lickle breddas an sisters-dem, dy lovin fahder mus chastiset those he lovet!" *Buff! Boodum! Biff!*

An him leggo lick eena de bad bwoy skin, an holler, "Love dy brodders an sisters!" *Buff!* "Don't maltreat dy brodders an sisters!" *Boodum!* "If yuh maltreat dy brodders an sisters," — *Biff!* — "dy lovin fahder mus chastiset dee!"

Biff! Buff! Bum!

Ay ya yie!

Proverbs

☆ When puss hungry him nyam ratta, but when puss belly full him seh ratta bitter.

☆ Yuh cyaan teck sweet powder so cure ole sore.

☆ No sen a chigger-foot man fi go mash macca.

46 ∿∿∿∿∿∿∿∿∿∿∿∿

West Indies an Jamaica

Aunty Roachy is told about a visit to Grenada and other West Indian territories. Is it true, she enquires, that Jamaicans are disliked by other West Indians? The answer is a parable.

Listen, no!

From a come back from dung de odder West Indian island-dem, yuh see, my Aunty Roachy want to know how me spen me time dung deh.

Me tell her bout CARIFTA an me tell her bout EXPO '69 an Grenada, but she still waan fi know wha kine a time me meself did got dung deh, waan fi fine out me business!

So den me tell her seh me had a boonoonoonoos time eena Grenada, an me show off pon her how me was eena high society a Grenada Government House wid de lady Governor an her fambly! Yuh waan see me wid police outrider pon motor cycles dah ride fronten me motor car everyweh me go, mmm. A true!

An me police chauffeur dah drive me, an police point-duty traffic cop a salute me pon every street corner an a gwaan wid me like how we gwaan wid fi-we high dignitaries-dem out yah!

Salutations an differentiation! Yes, bwoy! A dat me did got a Grenada! Me was jussa smile an wave an gwaan like royalty eena Grenada. Proud like puss back-foot!

An my Aunty Roachy she laugh *kya, kya, kya* an seh it sweet her, an me fi tell her more bout Grenada.

So me serious up me face an meck her know seh dat Grenada was more peaceful dan Jamaica, for people coulda still lef dem door an window open an siddung pon dem verandah widout threatenin of tief, bandit an rapis a invade dem privacy; an no gun violence an terrible criminal proceedins no full up Grenada newspaper an blister up people aise-drum pon fi-dem radio all day an night like over yah.

So Aunty Roachy shake her head an groan an seh, "Lawks! A wish we coulda abolish fi-we violence progress eena Jamaica an go back to we humble peacefulness."

Den she start ask me whole heap more question bout Grenada an de odder West Indian islan-dem.

An she seh dat she hear seh, an she want to know if a true seh, dat de odder West Indian islan people-dem doan like Jamaica people at all at all.

So me buss out a laugh an seh to her, "A gwine to gi yuh a parable, Aunty Roachy.

"Supposen yuh lickle sister who look up to yuh because yuh is her big sister, an yuh always a boas off pon yuh lickle sister how yuh bigger dan she, an yuh show off pon yuh lickle sister bout how she cyaan wear long-drop earring like yuh because she too small fi dat, an she cyaan wear high heel boot like yuh because she no big nuff fi dat, an *yuh* waan wear all de jewellery because yuh bigger dan she, an when yuh gi yuh lickle sister sweetie yuh tun roun box it outa her han before she get a chance fi put it a her mout, how yuh expec yuh lickle sister fi feel bout yuh?

"Yuh no mus expec her fi frighten fi yuh an tickya yuh, an try pop yuh when she can pop yuh? De lickle sister doan dislike de big sister, but she tickya, she tickya fi true!

"For 'When head buck yuh, yuh cyaan trus forehead,' an 'When dog flea bite yuh, yuh haffi cratch.'"

Ay ya yie!

Proverbs
☆ When head buck yuh, yuh cyaan trus forehead.
☆ When dog flea bite yuh, yuh haffi cratch.

47 ∿∿∿∿∿∿∿∿∿∿∿

Cuban School

Seeing reports that the United States might improve relations with Cuba, Aunty Roachy is proud that (though there were some Jamaican critics of the policy) Jamaica remained on friendly terms with Cuba. To Dim-dim and Flimsy it seems that various nations have followed Jamaica's lead.

Listen, no!

Any a oonoo did see one big headline eena newspaper seh "U.S. to Ease Up on Cuba"? An when yuh read galang, yuh see which part one American Autority gentleman a chat bout seh "If U.S. is to improve relations with Latin American countries, then the natural place to start is Cuba"?

Aunty Roachy holler, "Yes, Puppa! See it deh now! What a good ting Jamaica never did follow fi-dem fashin an kip malice wid Cuba! Praises be, we did follow we owna mine an meck frien wid Cuba long time, or we woulda feel shame now fi see dat Merican tan so far an a meck frien wid Cuba, an we is de nearis neighbour an a kip malice wid dem."

Hear de gal Edge-up, "Me no gree wid dat, for me naw go meck frien wid me frien enemy at all, an since we an Merica a frien..."

Aunty Roachy holler, "Tap right deh so, Edge-up! So if yuh frien roun de corner quarrel wid yuh neighbour side a yuh, yuh a go kip malice wid yuh nex door neighbour? So dat when yuh teck sick a night yuh no got nobody fi put lickle hot-water pon yuh belly so till yuh roun de corner frien come? No, Edge-up!"

De gal suck her teet an wheels weh.

Aunty Roachy seh nuff Jamaica smaddy no got no respec fi demself an dem lickle country, dem always feel like seh we fi wait an see wha happen over foreign an wha de big nation-dem a do, an den we follow fashin.

De gal Dim-dim gi out, "But it hooda look a kine a way like seh a de big nation dem a follow Jamaica fashin now! For see one nedder newspaper writin yah wha seh, 'France Sign Agricultural Accord wid Cuba: Cuba an France have agreed to cooperate in Agriculture and Animal Husbandry.' Yes, bwoy!

"An one nedder newspaper write-up what seh, 'Portugese Delegation to Visit Cuba', 'Merican can now travel to Cuba freely'. Puppa! It really look a kine a way, like seh Portugal an France an America an all dem big time country-deh dah follow Jamaica fashin an a frien up Cuba to!"

Hear de bwoy Flimsy, "Eeh-eeh! A follow fashin dem follow fashin, an dem mussa hear bout de big-big pretty-pretty Cuban School weh Cuba leggo pon Jamaica, an dem mussa dah look fi a Cuba school gif to!"

Aunty Roachy buss out a laugh an seh, "Well, bwoy! 'Time never too long fi bannabis grow bean' fi true, for few monts aback yuh same Missa Flimsy did a backbite Cuban School gif an a labba-labba yuh mout wid dungright rumour-mongerin an mischieve-makin an lie-an-tory an carry-go-bring-come bout de warra-warra violency weh de whole heap a nuff-nuff Cuban wasa come eena po lickle Jamaica come wrought pon we an a fool we up seh dem a buil school!

"But see it yah now, puppa! Yuh deh pon a tun yuh mout an praise up Cuban School. Well, sah! Is a true wud de ole time people talk when dem seh, 'Jacky cuss music man; when sweet music start play, Jacky start dance!'"

Ay ya yie!

Proverbs
☆ Time never too long fi bannabis grow bean.
☆ Jacky cuss music man; when sweet music start play, Jacky start dance.

48 〰〰〰〰〰〰〰〰〰

Heart Transplant

Aunty Roachy ponders the implications of transplanting human organs. Is this an opportunity for higglers? And what happens, for example, when a white South African gets a black man's heart?

Listen, no!

Once upon a time yuh coulda ongle transplant flowers an vegetables an fruitkine an foodkine like banana an orange an yam an all dem tings-deh. Mmmm. Farmers use to gwaan wid nuff-nuff transplantin parangles, an plenty people did tink seh dat is ongle pon farm dat transplantin coulda did gwaan, wid flowers an vegetables an such delikes, yuh know.

But nowadays — Yes, bwoy! See it yah now, puppa! — whole heap a transplantin business a carry awn eena human bein body wid dem vital organs! Yes, missis!

Some foreign doctor deh pon a transplant human heart an kidney an all dem serious part a human instrals-deh from one human bein to anodder like nutten don't happen! An dem a talk bout human spare parts, like how mechanic a talk bout ole iron an bruck-down motor vehicle an all dem sinting-deh! Mmmm.

Yes, mam! My Aunty Roachy seh de day is at han an comin fas when human bein can do big business tradin an speculation wid dem vital organs!

Teck for instance, if yuh know smaddy who willin fi pay yuh a tousan poun fi fi-yuh heart, den all yuh haffi do is fine smaddy who will sell yuh fi-dem heart fi a hundred poun because dem can get a cheaper heart fi buy fi bout fifty poun or so! An den you teck out your tousan poun heart an put in de man one hundred poun heart, an de odder smaddy put in de odder smaddy fifty poun heart, an so awn an so forth so till yuh tun a big heart merchant!

Aunty Roachy seh we soon hear higgler pon street a holler, "Buy yuh heart!" Heh-hey!

Some big time scientis even a talk bout gettin spare parts fi humans from orangutans! Whai! What a scalamity! Fi a oman a talk to a nice young fellow an no know seh dat him heart is fi-orangutan heart!

Lawks, Missis! Dat's a serious state of affairs! Animal heart eena mortal man? Mmmm. Dat a real false-heartedness!

My Aunty Roachy seh she no like it at all at all. For is bad enough fi got people a sport false eyelash an false fingernail an all dem false tings deh, false hip an all dat. For mose a de time yuh can meck out de falseness a dem-deh sinting deh, but how yuh gwine to meck out seh dat smaddy heart false? An how yuh a go able fi trus smaddy if so much people got een false heart? Lawks! Dat bad, massa. For "Yuh shake man han, yuh no shake him heart," yuh cyaan see smaddy heart wid yuh naked eye-dem.

Me Aunty Roachy seh dat a such a ting meck a big colour prejudice country like South Africa can deh pon a put een black man heart eena white man body, because dem know seh dat nobody naw go able fi meck out de heart. An so de white man can start form an gwaan like him a so-so white! An wid him black man heart eena him! Yes!

It is plain to see doah by such a case dat all heart a heart an all man a man, be dem white or black.

Well, sah! Aunty Roachy seh dat de South African dem a confoun an bounce weh dem owna black man inferiority preachins wid dem heart mongerin. Koo yah! South Africa seh dat white man cyaan play game wid black man eena sports but white man can a sport black man heart eena him bosom!

Hey! Dem shoulda shame!

Howsomeover, Aunty Roachy seh dat she can see one great complication dat might develop wid dat-deh heart business, for heart is a very close-related sinting to love and supposen de black man heart start fall in love wid black people eena de white man bosom! In a colour prejudice country like South Africa! Mam! Dat woulda be a woeful clash an haul-an-pullin between de poor white man bosom an him brain! When him owna heart start prejudice gains him owna mine, an vice versa! What a crosses! What a mix-up! What a kas-kas!

Ay ya yie!

Proverbs
☆ Yuh shake man han, yuh no shake him heart.

49 〰〰〰〰〰〰〰〰

Iron Smit

*Broadcast in December 1966, after Ian Smith of
Rhodesia rejected further negotiations with Britain.
Aunty Roachy sees Smith's defiance as a natural
consequence of Britain's early failure to act decisively:
"yuh cyaan teck mout-water so out fire . . ."*

Listen, no!

Any a oonoo did hear TV a seh de odder night
seh dat Iron Smit seh dat him rejec any negotiations
wid Britain?

My Aunty Roachy holler, "Iron Smit rejec
negotiations wid Britain! What a piece a forward–
ness! Aldoah ole time people did got a way fi seh, 'If
yuh no tie bad dog strong, him get weh den go nyam
yuh supper' an 'When yuh llow dawg fi tase fowl
egg, him nyam de very shell an all', an him never
stop tief egg so till him dead." Mmmm.

My Aunty Roachy seh a dem same ting happen
to Rhodesia an Britain. For when Iron Smit did start
him UDI gangsterism dung a Rhodesia seven years
aback, if Englan did clap dung pon him an meck
him know seh dat dem gwine leggo army force pon
him an stop him from teck him few tousan white
smaddy so browbeat de omuch-omuch tousan black
smaddy-dem eena de lan of dem forefahders, den
Missa Iron Smit wouldn dare fi a gwaan wid him
wrong-conscious wrongs now.

Him couldn do it, him wouldn fit do it. Him couldn fly pass him nes so far as fi go bruck lines an carry awn all dem outa-order sinting a Rhodesia, an him couldn loss him pass fi go teck such a liberty wid Englan as fi meck speech bout "reject any negotiations with Britain", a oh!

But as Aunty Roachy seh, yuh cyaan teck mout-water so out fire, an all dem conference meetins an chat-chat bout sanctions weh Englan wasa gwaan wid was only so-so mout-water dribblins, a oh! For all dem sinting-deh never even brush weh gingy-fly from Iron Smit aise-corner.

Cho! All dem sanctions deprivations did only meck de po black Rhodesia people-dem tun "he dat have not an get even what him have not teck weh from him"! Lawks! What a wickedness! What a state of affairs!

All de big worl autorities-dem a meck whole heap a noise an condemn Iron Smit badder-dan-yuh carryins-awn, an Britain deh pon a denounce Rhodesia actions, after de horse done leggo an run weh lef de cart, but no lickle finger no lif up yet fi stop Iron Smit human wrongs-dem, an him deh pon a fling an kick up dus eena everybody eye wid him black inferiority speech bout "De natives are not capable of ruling themselves before another fifteen or twenty years." Him face favour fifteen or twenty years!

My Aunty Roachy seh dat if Englan did hole big stick over Iron Smit back good an proper over seven years aback, him couldn deh pon a go from strengt to strengt so till now him can a bounce weh Britain wid him "rejectin negotiations" speech.

But "When man llow Nanny goat fi cut capoose
eena him grung, him mus meck up him mine fi him
fiel get nyam dung."

Ay ya yie!

Proverbs
☆ If yuh no tie bad dog strong, him get weh den
   go nyam yuh supper.
☆ When yuh llow dawg fi tase fowl egg, him nyam
   de very shell an all.
☆ Yuh cyaan teck mout-water so out fire.
☆ If yuh llow Nanny goat fi cut capoose eena yuh
   grung, meck up yuh mine fi yuh fiel get nyam
   dung.

50

World Health

The world is sick, "an when yuh sick yuh haffi know de rightful medicine fi teck . . . "

Listen, na!

Yuh did know seh dat dis mont a April is World Health mont? Yes, missis!

An when my Aunty Roachy hear bout de W.H.O. (dat is World Health Organization, yuh know), Aunty Roachy holler, "Praises be, worl fine out seh dat him sick! Praises be! Me did know long time seh dat worl no healty, for me did hear one great worl-lecturin gentleman seh one time dat 'violence an prejudice are the products of a sick society'. So me know seh dat worl well-well sick. What wid all de worl violence an worl prejudice an advantage teckin an mashallaw an murderation what leggo all over de worl, lawks, missis, worl sick fi true, mah!

"An me glad fi know dat worl fine out him poorliness, an deh pon a seek fi get better from him sickness wid him Worl Healt Mont."

But massi me massa! Aunty Roachy seh dat it a go teck plenty longer dan one mont fi cure de worl sickness, for it is all well an good fi smaddy know seh dat dem sick an waan fi get better from dem sickness, dat is a firs step to recovery, but see worries yah now, every sickness got it own remedy, an when yuh sick yuh haffi know de rightful medicine fi teck, for "Scratch an rub cyaan cure cocobeh."

An plenty people deh pon a wallow eena obeah man bush bath an a bun black candle when a good dose a castor ile woulda help dem. An some people deh pon a try fi teck salt physic fi wash out pendicitis out dem belly, when only doctor knife operation can cut dat out.

So Worl Healt Organization better fine out wha medicine fi purge out de sickness outa de worl, a oh!

Aunty Roachy seh dat is all well an good fi some Worl Healt Organization smaddy fi talk bout "Health in the World of Tomorrow", but what happen to de worl of today? De "Health in the World of Tomorrow" sort of look a way, like we no got no hopes fi de worl of today! An dat bad.

Aunty Roachy seh we haffi cure de worl of today, we mus-an-boun haffi try remedy today worl, an it behoves Worl Healt fi realize dat all dem big wud dem a chat bout "eradication of malaria an yellow fever," an "creating safe water supplies" naw go cure today worl sickness at all at all!

Worl Healt Organization will haffi fine de opposite sinting to cubbitch an grudgefulness an selfishness an facetiness an tink-yuh-betterness an bad-temperness an fraidy-fraidiness an backbiteness an browbeatness, an try fi counterac plenty more badness before dem can cure today worl sickness!

Ay ya yie!

Proverbs
☆ Cratch an rub cyaan cure cocobeh.

154

Glossary ∿∿∿∿∿∿∿

This glossary deals briefly with words and expressions which differ from Standard English usage.

The general reader in search of further information on Jamaican language may wish to consult the *Dictionary of Jamaican English* edited by F.G.Cassidy and R.B.LePage (Cambridge University Press, London, 1967), on which this glossary is heavily dependent; *Jamaica Talk* by Frederic G. Cassidy (Institute of Jamaica and Macmillan, London, 1961; second edition 1971),"written especially for the layman"; and *Understanding Jamaican Patois: An Introduction to Afro- Jamaican Grammar* by L. Emilie Adams (Kingston Publishers, Kingston, 1991). *Jamaican Creole Syntax*, the authoritative book by Beryl Loftman Bailey (Cambridge University Press, London, 1966), is primarily addressed to specialists.

a am/is/are; of, to, at, in.
abeng a cow's horn used as a musical instrument and for signalling, especially among the Maroons.
able be able.
ac act.
adop adopt.
advantage unfair treatment.
ah I.

aise ears.
aise-corner ears.
aise-drum ear-drums.
aise-hole ears.
a it meck that is why.
all even, as long ago as (and see *still an for all* and *we an all*).
all hours very late.
all-islan all-island.
an and.

a nex another.
aldoah although.
altogedder altogether.
anodder another.
arelia a tree common in Jamaica as a hedge-plant.
arres arrest.
ascorden according.
ascordin according.
asham Indian corn or Guinea-corn parched, finely ground and mixed with sugar.
askin asking.
augus August.
autority authority, the authorities.
awn on.

backa behind (back of), at.
backative support, resources.
backbiteness backbiting, inclination to backbite.
back him jacket took off his jacket.
back-settin causing setbacks.
badderation (see *bodderation*).
badder-dan-yuh tougher-than-you.
bad-mindedness evil-minded behaviour.
bad-temperness irritability.
baffi disfigured or crippled child.
bam-bammin beating.
bammy cassava bread, flat round cake of cassava flour.
bammy conscience that consider bammy

essential.
bangarang rubbish; old, worthless stuff; quarrel, a great noise or disturbance.
bankra basket; square-cornered basket made of palm "thatch", with a lid and a handle.
bannabis plant that produces an edible bean.
bannin banning.
bapsi kaisico part of a rhythmic chant used in a Jamaican children's game.
bareface barefaced.
batterins batterings.
bawlin bawling.
bawn born.
bawn-yah native, born here.
beatin beating.
beef-chested (see *high-chested*), unrealistically determined to eat beef.
beeny tiny.
beginnin beginning.
behole behold.
bein being, beings.
beknowns known.
beknownst known.
belongs belong to, go with.
ben a was (auxiliary verb).
betteration improvement.
bex vex, vexed, angry.
bexation vexation, anger.
bi by.
bickle food (victuals).
big-no-door bumptious, a bumptious person.
bigges biggest.
bit fourpence half-penny.
bleachin bleaching.
blessin blessing.
bline blind.
bloodtirsty bloodthirsty.

blow blow, take deep breaths, inhale, exhale.

boas boast.

boasify proud, puffed up with pride; proudly, swaggeringly.

bodder bother.

bodderation botheration.

bodder-bodder insistently bothering.

body-come-dung prolapse of the rectum.

bole bold.

boogooyagga (person or behaviour) of low status, clumsy, ill-mannered, worthless.

boonoonoonoos (a term of endearment); very pretty, beautiful, wonderful, glorious.

boot shoes.

boun fi is bound to, must.

bout about.

box strike (usually in the face) with the open palm.

box bout wander aimlesslessly, wander vulnerably.

braggadosha braggadocio, boastful; boastfulness.

bran brand, branding.

braveness bravery.

bread-gut the soft part of the bread.

breas breast.

breas-feedin breast-feeding.

breat breath.

bredda brother.

bris brisk.

brodders brothers.

browbeatness browbeating, inclination to browbeat.

bruck break, broke.

bruck-dungins breaking down.

bruck-kitchen house-breaking, burglar.

bruck-outins outbreak of incidents.

bruck-uppins breaking up.

bruck-weh breakaway, flood-rain.

buck strike (any part of the body) against something.

buck a good foot has/have a sign of good fortune to come.

buckle hole grab hold.

buck up meet, encounter, come upon.

buil build.

buildin building.

bulla small, flat, round cake made with flour, molasses and soda.

bulldozin bulldozing.

bullyrige torment.

bump (see *story come to bump*).

bun burn.

bun-up burnt up, hot to burning point.

bur-bur burs, a collection of burs.

business be/is/are concerned, be/is/are involved.

buss burst.

bwile boil, boiled.

bwoy boy, man.

callaloo green vegetable (similar to spinach).

callin calling.

capoose (see *cut capoose*).

captize capsize.

carin caring.

carpas copper containers for boiling sugar in.

carry-go-bring-come
gossip, rumour.

carryin-awns bad
behaviour.

cast encircle as with a
lasso.

cerasee a climbing vine,
valued in Jamaica for
its medicinal
properties.

chaka-chaka disorderly,
irregular.

champong Accompong;
champion.

chastiset chastiseth,
chastise.

chastisin chastising.

ches chest.

chi-chi dry-wood termites.

chi-chi bud a singing bird.
(In the Jamaican
folksong, "some a dem
a holler, some a
bawl").

chigger-foot with a
chigger-infested foot.

chile child, young
woman.

cho an exclamation
expressing scorn,
impatience,
annoyance,
disagreement,
expostulation etc.

chocho a Jamaican
vegetable.

chokey bead necklace.

choogoo-choogoo
(onomatopoeic coinage
for) labouring,
struggling noisily.

claht cloth.

coaknut coconut.

cocksham coction,
parched guinea corn
mixed with sugar.

cock up pointing at an unusual
angle, stuck up.

coco an edible tuber.

cocobeh a kind of leprosy or
elephantiasis; yaws and
similar diseases; a whitish
exudation from the frog or
toad, believed to cause
leprosy or yaws.

cole cold.

collec collect.

complain complaint.

complainin complaining.

compong Accompong.

concern concerned.

conduc conduct, behave.

confoun confound

conjes up is conjested.

contes contest.

coocoomacca a hard wood.

coob coop.

coob up cooped up.

coolin cooling.

cos cost.

cotch hold insecurely in place.

coulda could, could have.

couldn couldn't.

counta on account of, because
of.

counterac counteract.

counter flour ordinary flour
(distinguished from "baking
flour" which is lighter and
more expensive).

crack cracked.

craft deceitfully outwit,
illegitimately get around,
cheat.

cratch scratch.

cravins cravings.

crawl-yard pig pens (kraal).

creatin creating.

crookoomacca (see
coocoomacca).

croomoojin envious, grasping,
deceitful, underhand.

cross across, angry, fierce-
tempered, angrily.
crosses misfortune,
adversity.
cross-uppin criss-crossing
confusion.
crownin crowning.
cubbitch covetous, greedy,
grasping, avaricious;
covetousness, greed.
cuss curse.
cuss-cuss dispute, quarrel,
contention, curses.
cussin cursing, abusing
verbally.
cut capoose ride and fall in
the saddle when riding a
horse; be stylishly in
control.
cutchie curtsy.
cut execute a dance step, a
gymnastic caper or any
similar stylized
movement.
cut eye catch (someone or
something) with the eyes,
then quickly close them
and toss or turn the head
aside, usually done as an
insult or mark of scorn.
cut figure execute a dance
sequence; show style.
cut pasmarall do a dance.
cya carry.
cyaan can't.
cyaan done without end,
beyond estimation.

dah is/are (auxiliary verb).
dan than.
dancin dancing.
das that is.
dat that.
dawg dog.

de the.
dead dead, death.
dead fi dying to.
dee thee.
deed deeds.
deestant (make) decent,
respectable, decently.
deggeh only, sole, single.
deh there; is/are (as in "weh
him deh?", where is he?).
deh pon a is/are/was/were
(auxiliary verb, as in "him
deh pon a walk", he is/was
walking).
delikes (see *such delikes*).
dem them, they, their;
sometimes used to
pluralize (as in "de bwoy-
dem").
demandins demands.
dem-deh those.
demonstratin demonstrating.
demself themselves.
den then.
de nex the other.
deport deported.
dere there.
dese these.
deservin deserving,
commendable, worthy of
praise; what is deserved,
desert, worth.
determine determined.
devaluate has been
devaluated.
dey there.
dialec dialect, (Jamaican)
creole.
dickans the dickens, the
devil.
didn didn't.
different-different various.
dinin dining.
dinky dinky-minny, a type of
ring-play or dancing

usually practised in
connection with
funeral ceremonies; the
ceremonies themselves.
direc direct.
dis this.
disrespec disrespect.
dissa are just.
distric district.
doah though.
doan don't.
doin doing.
done has/have/had
finished (as in "him
done dance").
doodoofetic pretentious.
dose those.
drapes up arrested.
draw snore snoring.
dreadful dreadfully, to a
dreadful degree.
dressmakin dressmaking.
dress-puss dressed up,
overdressed; dressed up
person, overdressed
person.
dribblins dribblings.
drivin driving.
drop cutchie curtsy.
dry-eye callously, dry-
eyed.
duck-ants damp-wood
termites.
dullen dull.
dumplin dumpling.
dung down.
dungright downright.
duppy ghost, spirit of a
dead person.
dus dust.
dutty dirty, earth, the
ground.
dy thy

easy-come-by easily achieved.
eatin eating.
eat nice is nice to eat, is tasty.
edicated educated.
een in.
eena in, inside, into.
eeno no.
eider either.
en end.
espido episode.
everlastin everlasting.
everyting everything.
everyweh everywhere.
excep except, unless.
exis exist.
experience experienced.

fa for.
fac fact.
face favour an expression of
defiance or scorn (as in "him
face favour...")
face-liftin face-lifting.
facety impudent, bold, rude,
overbearing.
facetiness rudeness,
impudence.
fahder father.
faitful faithful.
fall him make it fall.
fambly family.
farden farthing.
farmin farming.
fas fast, swift; interfere.
fashin fashion (and see *follow
fashin*).
fashinness (see *follow-
fashinness*).
fas wid interfere with.
favour resemble, resembles (see
also *face favour*).
feader feather.

feelins feelings.

fenky-fenky puny, physically not robust.

fi for, to.

fi-dem their.

fiel field.

figat forget.

figet forget.

fi-her her.

fi-it its.

fine find.

firs first.

fi-we our.

fi-yuh yours.

flavourin flavouring.

flora name of a hurricane that passed near Jamaica.

flourishin flourishing.

fluxy immature, premature.

follow-fashin imitate without considering, imitative.

follow-fashinness unthinking imitation.

foodkine food, foodkind.

foo-fool foolish, stupid.

fool-fool foolish, stupid.

foot foot, feet.

force-ripe prematurely ripen; prematurely ripe.

forefahders forefathers.

foreign (see *over foreign*).

form pretend, feign.

four-finger four-fingered.

fowl chicken, chickens.

fraid fear, are afraid.

fraidness fear.

fraidy-fraidiness cowardice.

frantic frantically.

freeness something given free.

frien friend.

frighten was frightened.

frightenation fright.

frightnation fright.

fronten in front of.

fruitkine fruit.

fry fried.

fufu starch food boiled and pounded.

full up fill.

funnin making fun, joking.

fur far.

fus first.

gadder gather.

gains against.

gal girl, woman.

galang go along, continue; further.

gawn gone.

getweh getaway, escape.

gi give.

gif gift.

gimme give me.

gingy-fly small flies, especially those which fly about the face.

girlfrien girlfriend.

gizada open tart filled with grated, sweetened, spiced coconut.

goin going.

goin pooh the latter part of a street-vendor's cry, the first being the name of the thing for sale.

gole gold.

good-fi-nutten good-for-nothing.

good foot (see *buck a good foot*).

good-good very well.

got have, has, having.

governin governing.

grampa grandfather.

gran grand.

grandy grandmother; (respectful term of address for) a woman

older than oneself;
midwife.

granfahder grandfather.

granmodder
grandmother.

greates greatest.

greatis greatest.

gree agree.

grieviance grievance.

grudgefulness envy,
jealousy.

grumblin grumbling.

grung ground, earth.

gues guest.

gumbeh drum a drum
played with the fingers
rather than with sticks.

gwaan go on, continue,
behave.

gweh go away.

gwine am/is/are going.

ha have.

hab have.

hackle harass, trouble,
treat roughly.

haffi have to, have to be,
had to.

halfa half of.

hamassi (Lord) have
mercy.

han hand, hands.

hanbag handbag.

hancuff handcuff,
handcuffs.

han-stockin long gloves
(hand-stockings).

har her.

haul-an-pullin tug of war.

heaby heavy.

healt health.

healtier healthier.

healty healthy.

hear (followed by a
pronoun or a noun,
introducing a direct
quotation, is roughly
equivalent to) said (as in
"hear her", "said she").

hearin hearing.

hear-seh hearsay, rumour.

hear-so hearsay, rumour.

hedge up drew closer in an
attempt to be
companionable (edged up).

helpin helping.

heng hang, be hanged.

hickry flavour up.

hidin hiding.

higglerin higglering.

high important, high in the
social scale.

high-chested overambitious.

high-rankin high-ranking.

him he, she, him, her, his, it,
its.

himself himself, itself.

hog-thomas ill-mannered, road
hog.

hole hold.

hollerin hollering.

hones honest.

hooda would, would have (see
woulda).

horse horses.

hot hurt.

hot up heat, warm.

housin housing.

howsomever however.

hungry hunger.

i it.

ignorancy ignorance,
uncultured behaviour,
foolish behaviour.

ile oil.

includin including.

indeestant indecent.

inflic inflict.
injury injure.
instrals innards.
invistation invitation.
islan island.

jack single (as in "not one jack man", cf. Standard English "every jack man").
jackin up jacking up.
jam stick forcefully.
jamal Jamaican Movement for the Advancement of Literacy.
jamma Jamaican folk-song sung primarily to accompany communal field-digging or dancing and games at wakes etc.; a digging implement, especially one adapted to digging yams.
jeng-jeng torn clothing, rags.
jine join.
jint joints.
john-crow red-headed turkey buzzard, a scavenger.
jokin joking.
jonkunnu African-Jamaican masquerade celebration, normally during Christmas holidays.
jook jab, stab, prick, pierce, poke.
joota-boot shoes, boots.
j.s.c. Jamaica School Certificate.
jump alleluia celebrate vigorously (as in some Revival rituals).
junjo fungus.
jus just.
jussa just.
kas-kas dispute, quarrel, contention; rumour-mongering.
ketch catch, reach, arrive, fool, deceive.
ketch back restore, repair.
ketch fraid become fearful, become afraid.
kibba cover.
kick pupa lick tumble, do a somersault.
kick up shine make a fuss.
kimbo off stood with arms akimbo.
kin skin.
kin puppa-lick tumble, do a somersault.
kine kind.
kin teet grin, smile (skin teeth).
kip keep.
kippins assignments (keepings).
koo look, look at.
kooroo-kooroo rough, rocky, bony.
kumina an African-Jamaican religious dance ceremony held on the occasion of a birth, betrothal, death, memorial etc., at which the dancers are believed to become possessed by ancestral spirits.

labba-labba blab, chatter.
lacka like, like a.
lan land.
lanlord landlord.
langgulala drawn out, straggling; a very tall thin person.
las last.
latis latest.
law-abidin law-abiding.
lawd lord.

lawks lord! good lord!

lay lies.

lay-wait waylay, lie in wait for.

leaf leaves.

learn teach, learn.

leaverins left-overs, leavings.

ledder ladder.

lef leave, left.

leggo let go.

leggoration unrestrained behaviour.

lengt length.

lengten lengthen.

less lest.

less-count undervalue, underestimate.

less-counters underestimaters.

liard liar, liars, lying.

lib live.

lib-well affluent, well-to-do.

lick strike, hit, lick; blows.

lickle little.

lickle-lickle very small, several small.

lick-pot-sweet finger the finger next to the thumb, forefinger.

lidung lie down, lying down.

lie lying.

lie-an-story gossip, slander.

lif lift.

lightes lightest.

livin living.

llow allow.

long-drop with long pendants (as in "long-drop earring").

long-drops with long pendants (as in "long-drops earring").

long outa protruding out of, sticking out of.

long time old, ancient, of long ago.

look a way looks peculiar or inappropriate.

lookin looking.

losin losing.

loss lose, are/were lost.

loss cyaan find are hopelessly lost.

lovet loveth, loves.

lovin loving.

low-class classify as low-class.

low-rate place a low value on, devalue, undervalue.

low-rated low-class, indecent, offensive.

low-ratin impeding, hindering.

lyin lying.

macca prickle, prickles, a plant with prickles.

maggish maggots.

mah ma'am.

maltreatin maltreating.

mam ma'am.

mankine mankind.

mannersable well-mannered, polite, politely.

man-temperance man-testing, macho

marchin marching.

marga thin (meagre).

mark dead as an image of death, to observe what death may be like.

mark oh mind you.

mark seh has written on it.

married marriage.

married-conscious conscious of marriage, determined to get married.

mash crush, step on.

mashallaw violent conflict; time of trouble; upheaval and repression (martial law).

mash up destroy, spoil, crush.

masqueradin masquerading.

massa master.

massi mercy.

mawnin morning.

me I, me, my.

meanin meaning.

meantime while.

meanwhile while.

meck make, making, made, let.

meck an meck (see *meck-meck*)

mecker maker.

meck-meck hesitate, be indecisive, make a half-hearted attempt.

meetins meetings.

member remember, remind.

mento Jamaican folk music; a two-step dance rhythm, originally a digging song.

merica America.

middy blouse waist-length blouse worn outside the skirt.

mighta might.

mine mind.

mirasmi emaciated, wasting from malnutrition.

mischieve-makin mischief-making.

mo more, better.

modder mother.

mongs amongst, among.

mont month.

moreish tempting to the taste.

morer more.

mornin morning.

mose most.

mout mouth.

mout-lip lip, lips.

movin moving.

muffeena poor, ineffectual person(s), for whom nothing turns out well and who is/are resigned to paltriness.

mumma mother.

murderation murderous violence.

mus must.

mus-an-boun compel; compelling; absolutely must.

mus-mus mouse.

mussa must be.

mussi must, must be.

mustn mustn't.

natty-natty knotted, very knotty (knotty-knotty).

naw am/is/are/will not.

nayga negro.

neally nearly.

nearis nearest.

neber never.

neck-string neck.

nedder another (see also *one nedder*).

neider neither.

nes nest.

new bran brand new.

nex next (see also *a nex* or *de nex*).

nize noise.

nodder another.

noweh nowhere.

now-now now, at once, immediately.

no-worker person who does not work.

nuff enough, a great deal of, plenty of, many; outstanding.

nuffi (is/are) not to.

nuff-nuff a great many (enough-enough).

nutten nothing.

nyam eat, devour.

nyamy-nyamy eaten away.

nylon up make (road surface) smooth, asphalt.

obeah practice of malignant magic.
odder other.
offa off (off of).
ole old, whole.
oman woman.
omanish womanish, like a woman.
omankine womankind.
omuch how much, how many.
omuch-omuch so many of whatever number.
one a.
one nedder another.
ongle only.
oonoo you (plural).
outa outside of, out of, out in, out at.
outa-order out of order.
outa-town out of town.
overcrowdins overcrowded situations.
over foreign abroad, overseas.

packy a broad calabash (container) with a cover.
pant panting.
pantomime annual Jamaican folk musical.
parangles complicated or involved matter(s).
parch parched.
parhaps perhaps.
pass past.
passin passing.
pawn took hold of, grasped, seized.

payin paying.
pendicitis appendicitis.
pepper-pot a thick soup with callaloo and other ingredients.
perfecly perfectly.
physic (see *strong-physic*).
piaw-piaw weak, poor, inferior, insignificant, unimportant.
pickney child, children.
pinda-shell peanut shell.
pistle pestle.
pitata potato.
playgrung playground.
pleasin saying "please" to.
plenty-plenty very many, very much.
po poor; exclamation expressing annoyance.
pon on, upon.
pooh (see *goin pooh*).
poorliness illness.
pop outwit(ted), fool(ed), deceive(d); reveal, tell (as in "pop story").
popularis most popular (popularest).
poppy-show ridiculous exhibition.
pos post.
po-show-great pretentious, pretentious persons.
poun pound, pounds.
poundin pounding.
praise-deservin praiseworthy.
pranks prank.
preckeh predicament, surprising or upsetting occurence.
pressins pressings.
pretty-pretty very attractively.
prignant pregnant.
prison imprison.
proceedins proceedings.
proclaimin proclaiming.
profiteerin profiteering.

projec project.
pudung put down.
pull foot run, run away, move rapidly.
pullin pulling.
puppa father.
puppa-lick somersault.
purpose headstrong, contrary, obstinate.
puss cat, thief.
putto-putto mud, muddy.
pwile spoil.

quashie peasant, country bumpkin.
quattie penny-ha'-penny (quarter of a sixpence).
queak squeak.
quawk squawk.

racketeerin racketeering.
raid raiding.
raisin raising.
rampanter more rampant.
rankin ranking.
rapis rapists.
ratta rat, rats.
reasonin reasoning.
reconnec reconnect.
reggae Jamaican popular music.
reggeh-reggeh of poor quality, emaciated.
rejec reject.
rememberance remembrance, memory.
repramandins reprimands.
res rest.
respec respect.
ribber river.
riggle riddle.
ring-ding hilarity, lively entertainment; an informal variety concert.

roas roast.
roas off removed hurriedly (roast off).
rockstone stone, rock, boulder, boulders.
rollin calf folklore monster taking the form (usually) of a calf with fiery eyes, and haunting the roads and countryside at night.
roll-up rolled up, tangled.
rookoombine a nonsense-word carrying sexual suggestion.
rookoo-rookoo uneven, unsteady, shaky.
roun round, around.
rubbins rubbings.
rumbunctious rambunctious.
rumour-mongerin rumour-mongering.
run runny (as in "run nose").
run dung chase, pursue.
run-jostle compete vigorously (as in a disorderly crowd).
run-jostlins vigorous competition.
runnin running.

sah sir.
sake a because of.
samfie confidence men, tricksters.
samfyin confidence tricks, trickery.
samplatta sandal with sole of wood, leather or automobile tyre rubber held on to the foot with leather or other straps.

sar sir.
scalamity calamity.
scandal spread scandal.
scandal-mongerin
    scandal-mongering.
scientis scientists.
scrap-scrap scraps.
scripsy-scroopsy
    (onomatopoeic
    coinage for) rustling.
scritchy-scrutchy
    (onomatopoeic
    coinage for) squeaky,
    high-pitched.
seein seeing.
seh say; that (as in "me
    hear seh", or "tell dem
    seh").
seh-seh rumour.
sell is/are sold.
sen send, sent.
serious up made (more)
    serious.
shame be ashamed.
shet shut.
shif shift.
shillin shilling.
shine shiny.
shivel shrivel.
shoulda should.
shouldn shouldn't.
show-offness
    pretentiousness,
    ostentation,
    exhibitionism.
shut shirt.
siddung sit down.
side a beside (side of).
signin signing.
signpos signpost.
singin singing.
sinting something, thing,
    things.
skyscrapin skyscraping.
slap all the way.

sleepin sleeping.
sling slung.
smaddy somebody, person,
    persons, people.
so and (as in "run eena de yard
    so seh").
sof soft.
sofly softly.
sometime sometimes.
someting something.
so-so only, mere, alone, by
    itself.
so tell until; greatly, very much.
so till until; greatly, very much.
soon a morning early morning.
soul food food cooked in styles
    of the American South by
    black Americans; food
    popular with low-income
    black people.
soun sound.
soundin sounding.
speaky-spokey (be) pretentious
    in speech.
spen spend.
sportination festivity.
sposen suppose.
stan stand.
standin standing.
starbin starving.
still an for all all the same.
stocious well-dressed, smart,
    stylish, high-class,
    pretentious; in a pretentious
    manner.
stociously stylishly,
    pretentiously.
story come to bump matters
    have come to head.
strappin strapping.
strengt strength.
strengten strengthen.
strong securely.
strong-physic well built, with
    strong physiques.

studiration studying, thinking things out, scheming.
stunted stunt, stun.
such delikes suchlike, things like that.
suck teet make a sound of displeasure or disrespect by sucking air audibly through the teeth and over the tongue.
sufferation suffering.
sufferin suffering.
sun-hot midday, midday sun, hot sun.
supportance support.
suppose supposed.
supposen suppose.
suspec suspected.
suspicious suspicions, suspiciousness.
susu gossip (onomatopoeic representation of whispering).
sweatin sweating.
sweet pleased greatly.
swimmin swimming.
swips weh disappear swiftly, move away swiftly and easily.

tainted taint.
talkin talking.
tallawah sturdy, strong, not to be underestimated.
tan stand, stands.
tank thank.
tankin thanking, saying thanks to.
tanks thanks.
tanksin saying thanks to.
tap stop.
tare stare.
tarra other.
tase taste.

tata respectful term of address for an elderly person; father; grandfather.
taw a common variety of white yam.
tawp stop.
tear-dungings tearing down.
teck take.
tecker taker.
teckin tecking.
tedeh today.
teet teeth.
tell till.
tenight tonight.
tenkfulness thankfulness.
tenky thank you.
termite-mongerin termite-mongering.
terrible terribly.
tes test.
thinkin thinking.
threatenin the threat.
throwin throwing.
tickya take care, beware, is wary, beware of ; suppose.
tie tied.
tief thief, thieves, steal, stealing.
tiefin thieving, stealing.
tiefry stealing, theft.
time times.
timely carefully.
ting thing.
tink think.
tinkin thinking.
tink-yuh-betterness haughtiness.
tirteen thirteen.
tirty thirty.
tizzic tizzy.
to to, too, also.
toas toast.

tomatis tomato, tomatoes.

tomuch too much.

top a on top of, following on.

topside above.

tory story.

tought thought.

touris tourist, tourists.

tousan thousand.

transplantin transplanting.

trash thrash.

tread-bag thread-bag; a small cloth bag, tied or drawn closed with a thread or small string, and chiefly used by higglers for carrying money.

treaten threaten.

trimmins trimmings.

troat throat.

troat-hole throat.

trong strong.

trousiz trousers.

trow throw.

trus trust, take on credit.

trut truth.

tump thump, hit, punch.

tumpa a stump, a piece left over after something has been cut off.

tumpa-foot a stump leg.

tump-dung punch down, hit down.

tun turn, turned, become, became.

tun-foot with feet pointing towards each other (turn foot).

tung town.

twis-mout with a twisted mouth.

typis typist.

unbeknownin unknown.

understan understand.

unfairity unfairness.

un-fi-yuh not yours.

unmannersable ill-mannered, bad manners, ill-mannered behaviour.

unresponsible caused by irresponsibility.

unsafety danger.

unsanitary insanitary.

uphole uphold.

use used.

usual usually.

violency violence.

waan want.

wagga-wagga plentiful, many.

wais waist.

walk-an-sell oman itinerant female vendor.

walk-foot smaddy pedestrians.

walks walk.

walla-lef something used or tampered with and left (wallow).

wanted in need of help.

warra what.

warra-warra miscellaneous.

wasa was.

washer-oman washerwoman.

wasn wasn't.

waywud wayward.

we we, us, our.

we an all even we.

weader weather.

weh what, away, who, which, where.

weight-liftin weight-lifting.

well-well very.

weself ourselves.

wha what.

what meck why.

whedder whether.
which part where.
white-white very white.
who-fa whose.
whola whole, entire.
wi will.
wid with.
widdered wither, get
   withered.
widout without.
widouten without.
wiel wield.
wife-beatin wife-beating.
wile wild.
wiss-wiss tough, flexible
   stem, vine or root (withe).
witness witnesses.
woan won't.
worl world.
worl-lecturin lecturing all
   over the world, lecturing
   the world.
worlwide worldwide.
worrination worry, concern.
woulda would, would have.
wouldn wouldn't
wringin down wet up
   wringing wet.
writin writing.
wrong-conscious mistaken,
   bad-thinking.
wrongdoins wrongdoing.
wrought wreak, perpetrate.
wroughtins deeds.
wud word, words.
wuss worse, worst.
wussa worse.
wut are worth.
wutless worthless, good for
   nothing.

yah here.
yaw you hear.
yessideh yesterday.
yuh you, your.

〰〰〰
171